実務で役立つ

「企業価値評価」がわかる本

Valuation
for Business Management

バリューアドバイザリー合同会社　**小島公彦**

同文舘出版

はじめに

　M&A の際の企業価値評価・バリュエーションに係る専門書は多数発刊されています。私自身、評価作業の参考になる書籍がたくさんあるので、助かるときがあります。

　その一方で、評価の専門家に依頼するクライアント側、すなわち評価報告書の利用者側においては、どうでしょうか？　多くの企業価値評価（バリュエーション）の専門書は、企業価値評価を「する」側に向けたものであり、利用者に向けたものではないと感じています。

　評価報告書の利用者にとっては、買収（売却）価格や提示価格の検討がM&A の主要な意思決定事項の中のひとつであり、最も重要な局面です。この意思決定に際しては、社内での検討が一義的には求められるものの、参考意見を求めたくなる機会も多くあるでしょう。もちろん評価人やファイナンシャルアドバイザー等の専門家に直接相談することはできますが、それ以外で参考となる書籍やホームページ、事例等はほぼ存在していないのが現状です。

　近年、特に上場企業を取り巻く M&A の環境も変化しており、意思決定や検討を社内のみですべて完結させることが許されなくなりつつあります。財務デューデリジェンスは以前から実施されてきましたが、評価報告書まで必要としなかった時代もあったように認識しています。理由のすべてとまではいいませんが、従前の M&A の失敗は、価格意思決定の不十分さも一因としてあったと思います。

　株主他、投資家から多額の投資に当たる M&A の監視の目は厳しくなり、意思決定の客観性を担保するために、第三者機関から評価報告書を入手する時代に入りつつあります。すなわち、企業にとって企業価値評価は自ら実施するものではなく、**評価結果やレポートを、見て・読んで・分析する能力が求められるよう変革しつつある**のです。

本書では、M&A の際の企業価値評価のみならず、**無形資産の価値評価**（PPA：Purchase Price Allocation）についても触れており、最終的には**減損テスト**にまで言及しています。

　当社にて企業価値評価やPPA も実施し、うち数件は、残念ながら実際に減損損失を計上しています。減損損失に関する相談を受けている際に、原因はどこにあったのだろうか？　という議論に発展することもありました。

　この議論は今後の M&A 案件を進める際には配慮すべき事項になります。議論の結果、取得時の企業価値（事業計画も含む）に行き着きます。

　また、M&A という軸で価値評価を捉えると、無形資産の価値評価（PPA）にも触れておく必要がありました。IFRSや米国基準採用企業での実務が先行していましたが、日本基準採用企業でも徐々に実務が浸透しつつあります。日本基準採用企業といえども、M&A に係る効果の測定はグローバルでの比較が可能（未だ差異は残っていますが）な状態に突入しています。

　無形資産の価値評価の実務では、取得価格（買収価格）の妥当性を検証する手続きがあります。すなわち、M&A の最初の効果測定であるとともに、無形資産として、財務諸表を通じて株主他投資家に向けても M&A の内容・成果を伝えます。

　昨今、「企業価値の向上」という言葉を耳にする機会も多くあります。

　株式を上場している企業のみならず、本書を通じて、まずは M&A の際の企業価値をどう見れば、どう読み解けばよいのか？　を一緒に考えていきましょう。

　私見も多数記載されていると思いますが、本書を手に取った皆様のご参考になりますと幸いです。

バリューアドバイザリー合同会社 代表社員　小島公彦

第 **2** 章
企業価値評価を読み解くための
基礎知識

第 **3** 章
実務に欠かせない DCF 法

第**4**章
評価レポートの分析と活用

第 **5** 章
M&A 実施後の価値評価 ～PPA

第 6 章
M&A 実施後の価値評価 ～減損テスト

カバーデザイン	荒井雅美（トモエキコウ）
本文 DTP	マーリンクレイン
編集協力	大塚一樹
企画協力	長谷川華（はなばんち）

実務プロセスで見る 企業価値評価 の進め方

LSEG「日本 M&A レビュー2023 年」によると、2023 年に日本企業が公表した M&A 件数は 4,632 件で、2020 年以降は 4,000 件超と増加傾向にあります。日本における M&A 件数の増加とともに、M&A の成果が問われる時代が到来しています。

買収対象会社の価格、価値を決定する際の材料として使われるのが、企業価値評価（バリュエーション）です。企業の適正な価格、価値はどうやって決まるのか？ 企業価値評価のプロセスについて説明していきます。

1 企業の適正価格を決める 企業価値評価

　近年、日本企業が関わる M&A は増加傾向にあります。「ハゲタカ」「身売り」などネガティブなイメージが先行していた時代もありましたが、売り手側企業と買い手側企業、双方にとってその価値を最大限に発揮することを目指す M&A は、**国内経済が伸び悩んでいる現況において、ますます重要度を増していくでしょう。**

　企業が発行する株式や、企業が有する一部の事業などを売り買いする M&A では、とても大きな金額が動きます。また、その売買が今後の企業戦略、上場企業であれば市場株価に大きく関わることもあり、M&A 情報の取り扱いには高い機密性が求められます。買い手はライバルに打ち勝つためにも、どの企業の買収を検討しているかを知られたくないですし、売り手も売却を検討している意向が広く伝わって、顧客が離れていったり、取引先に妙な噂を立てられることは本意ではないので、M&A を秘密裏に進めることが一般的です。結果として、M&A は、当事者である買い手企業と売り手企業の双方においてもごく一部の経営層や担当者しか関わらない、**ある意味でブラックボックスのような存在になりがちです。**

　M&A 案件の詳細は、秘匿性や交渉経緯などの公開の制約等もあり、実務上有用な知識、情報、経験を持つ人はある程度限られ、実態として M&A をスムーズかつ効果的に遂行できる人は、思いの外増えていないと感じることがあります。この本では、会社内の M&A 担当者・当事者、実務者・関係者が、M&A における "適正価格" や "企業価値" に関する勘所を押さえられるようにサポートすることを目的としています。

M&A の売買金額はどう決まるのか?

　そもそも、M&A の際の売買金額はどのように決まるのでしょうか?

一般的には交渉によって双方納得の上金額が決定されるのですが、そこに至るまでにはいくつかのプロセスが存在します。価値評価を軸に見た M&A 自体の詳しいプロセスは後述しますが、交渉の前にはお互いが希望の金額を提示するための準備フェーズがあります。難しい企業価値の話題に入る前に、日常の中での価値感から考えていきましょう。

　皆さんが買い物をするとき、「これは高いな」「こっちの方が安い」という判断を日常的にしているのではないでしょうか？　過去の経験との比較によって直感的に感じる価値観は、判断するモノの価格と価値がよくわかっているから持てるものです。

　しかし、M&A の際の価格感・価値観は、洋服や日常品の買い物のような即決判断では困難でしょう。そもそも企業を売買する際の金額といわれても、飲食店のように「ファミリーレストランならお代はこれくらい」「回らないおすし屋さんならこれくらい」という相場感覚を持ちづらいものです。企業の規模のみならず、買おうとしている企業の将来の売上・利益についてはその予想が難しいうえに振れ幅も大きく、さらに困ったことに業績、経営状態のみならず日本や世界の市場・経済情勢などの要因によって絶えず変化しているのです。

企業の価格の"ものさし"になる企業価値評価

　企業という、一見するとつかみどころのない存在の金額を決定するうえで重要なのが、さまざまな情報、要因を集約して価値を"評価"して数値化することです。M&A で売買しようとしている対象会社の価値を推計し、評価することで、企業の現在の価値に基づいたおおよその金額を算出することができます。これを「**企業価値評価（バリュエーション）**」と呼びます。

　企業価値評価は、企業の価値や価格を決定する際の"ものさし"のようなものです。企業価値評価を行うことで、企業や事業を「いくらで買うか？」または「いくらで売るか？」という価格面での意志決定に必要な相場感覚や価値観が、評価額という数値的な結果をもって客観的に可視化されます。

　M&A 件数が増加し、売買の成立・不成立、金額の大・小といった直接的

な結果だけではなく、M&A後の経営統合によるシナジーの実現など中身が問われるフェーズに突入した現在、対象会社の価値を精査し、**過大でも過小でもない適切な評価に基づいた適正価格**を導く企業価値評価は、M&Aの交渉を円滑に進め、真の成功に導くためのガイドとなるものなのです。

〔 **企業価値評価（バリュエーション）** 〕

　企業価値評価（バリュエーション）は、M&A対象会社の経済的な価値を金額として可視化することで、その企業の価値を評価すること。M&A取引額を決定する際の交渉材料などに使われることもある。

2　買い手と売り手の乖離(かいり)はなぜ生まれるのか？

　M&Aの売り手についてのお話です。もし、あなたが社長だったら、長年にわたって大切に育ててきた会社の価値を冷静に見ることができるでしょうか？　このまま事業を続けていた場合の業績も、期待を込めた希望的観測になってしまわないでしょうか？　いざ自社の価値を測るとなると、これまでの苦労や歴史、思い入れも入り込み、**主観的な高め補正が入ってしまうのが**人情ではないでしょうか？

　では、同じ会社をM&Aの買い手から見てみるとどうでしょう？　当然、買い手側には買おうとしている会社への思い入れは一切ありません。取引があったり交流があったりすれば別ですが、仕事上全くお付き合いがなければ、そもそもその会社情報がないところからのスタートですから、決算書の正確性を含めてある程度の"疑念"を持って企業価値を検討するでしょう。

　もちろん、その企業に魅力を感じているから買いたいと思うのですが、買い手側は基本的には買おうとしている企業に、何かしらの問題点があるのでは？という疑念を抱きがちなので、買収したい企業を隅から隅まで調べます。**ネガティブな要因、懸念点があれば、当然それも価格に反映されます。**

　このように、売り手から見た場合と買い手から見た企業価値評価はずいぶん違うことがわかります。

交渉のための共通言語＝企業価値評価手法

　このような背景を知ると、「M&Aってどうやって成立しているんだろう？」「こんなに思いに違いがあったら折り合えなくない？」という疑問が頭をもたげてきます。しかし、前述したように日本におけるM&AはCOVID-19の影響を受けて一時的に減少したことを除けば、増加の一途をたどり、日々新たな案件が成立しています。

売り手と買い手の価格の開きを解決し、企業価値評価のギャップを埋めるのが関係する当事者による交渉です。

　提示額に開きがあった場合、なぜこの価格なのか？　何を材料に、どんな根拠で価格を決定しているのか？　が争点になります。

　このとき交渉テーブルに上げられやすいのが、企業価値評価です。企業価値評価による価値・価格算定には専門的な知識が必要で、複雑な計算を要するものもあるため、詳細にわたって買い手と売り手の間でお互いの評価の内容を精査することはほとんどありませんが、「どのような方法で価値評価をしたのか？」などの基本的な事項を俎上に載せることはままあります。

　後に示すように、企業価値評価にはいくつかの評価手法（アプローチ）があります。もし仮に、売り手か買い手、どちらかが誰も聞いたことのないような独自の手法、または計算方法で価格を算定してきたら、交渉はたちまち暗礁に乗り上げるでしょう。よく知られた評価手法のひとつに、DCF（Discounted Cash Flow、ディスカウントキャッシュフロー）法があります。企業価値評価手法としてはメジャーなので皆さんもご存じかもしれませんが、DCF法は以前から複数の問題点が広く認識されているにもかかわらず、現在も広く用いられています。DCF法が"共通言語"として普及していった背景には、計算方法が比較的わかりやすいということも無縁ではないと考えられます。

　売り手と買い手の思い入れに大きな差がある上に、肝心の価格決定の評価手法、計算方法まで違うとなると、通訳なしで全く別の言語で交渉を続けるようなものです。なぜ、そのアプローチを採用したのか？　同じアプローチで算定したのになぜ数字に違いが生まれたのか？　企業価値評価を共通言語として、こうした問題をひもといていくと、お互いの価値観のズレが可視化され、歩み寄りの糸口が見えるということも珍しくありません。

　DCF法については、第3章で詳しく説明します。

3 | 価値と価格の関係性

　価値と価格は似たような言葉ですが、もちろん別の意味を持つ単語です。『デジタル大辞泉』(小学館)を引いてみると、価値は「その事物がどのくらい役に立つかの度合い」とあり、価格は「商品の価値を貨幣で表したもの」であると記されています。「役立つ」かどうかは、主観的な意味合いもあるので、価値は個人的かつやや主観的な意味合いも有していると考えられます。一方の価格は、価値に基づいて決定されたより明示的なものであり、実際の価値>価格であれば、お買い得、価値<価格であれば損をする、もしくは購入を見送るという選択になるのが通常です。

　M&Aの買い手においては、価値≧価格の関係性がマストで求められます。価値の中身は企業の主観によって変わりますが、この関係性が成り立たない案件は、見送られるはずです。価値と価格の等号、不等号の関係性を判断するために重要なのが、価値の分析になります。

相場と付加価値

　例えば洋服を買うとき、通常はその服が持つ他のブランドや類似した洋服と比較したうえでの"相場感"、その洋服が持つ機能性や購入や保有することによる"効用"をもとに買い物をする人が多いでしょう。企業間のM&Aにおいても、同業他社との比較から価値や価格を検討することも多くなされます。

　また、ブランド品は、ノーブランド品より保有者の満足度は高いでしょう。そして、高機能の製品は、低機能の製品より価格が高いことも容易に理解できるでしょう。

　加えて、機能性に大きな差がなくても、「既に持っているアイテムと合わせられそう」という付加価値がつき、あなたにとって洋服単品以上の価値を見

出すこともあるでしょう。

　ゴルフクラブを買う際、あなたにとっては発売したばかりのクラブではなく、型落ちした一世代前のクラブを買うこともあるでしょう。性能の差と価格の差を比べた結果ではないでしょうか？　これは、価値と価格の差という経済性を比較検討した結果ということができるかもしれません。

主観的要素が価格の決定にも関与する

　実は、企業の価格も一般的な買い物のように主観的な価値によって差が生じることがあります。M&Aは、企業や事業を経営統合した先にある成果を目指すものですから、当然、買い手側の期待は「売り手側企業単独の現在の経済的価値」にとどまりません。

　今後の成長度合いをどう見積もるか？　経営統合後のシナジーをどう評価するか？　買収する企業の顧客、一般消費者へのイメージやブランドをどう見るか？　企業価値評価にはこうした今後の“期待値”の部分も含まれていて、買い手側企業がどのようなビジョンを持っているか、買収に対してどんな価値を期待しているのかによって大きく変化する可能性があります。

　ただ、この期待値に関しても「なんとなく」で決めるわけにはいきません。企業価値評価は、こうした期待値についても数値化、金額に反映する役割を担います。

　M&Aの企業価値評価（バリュエーション）の実務では、価値と価格は頻出重要単語です。買い手から見る価値と価格の関係性は、価値≧価格となることが必要条件です。価格と価値の違いや関係性を理解することで、M&A対象会社の適正価格についての理解が深まるはずです。

4 評価業務の関係者

　M&Aと価格交渉を行う際の基礎情報・参考となる企業価値評価には、多角的な視点が求められます。昨今、企業間のM&Aが複雑化していることもあり、専門知識を有する各分野のスペシャリストがアドバイザーとしてそれぞれの業務を担当することが一般化しています。

M&Aに関わる当事者以外の登場人物

　M&Aに関わるスペシャリストというと、検索上位に上がってくるM&A仲介会社や、ファイナンシャルアドバイザー（FA）がパッと思い浮かぶ人も多いと思いますが、会計調査や会計処理のアドバイスを行う公認会計士、税務調査を担当する税理士、法律面の調査や株式等の売買契約などを担当する弁護士なども重要な役割を果たします。

　特に買収では、公認会計士、税理士、弁護士は、**買収対象会社を調査するデューデリジェンス（DD）業務**にも登場します。買い手側企業は、買収する企業に問題点がある前提で疑念を持って隅から隅まで調べます。この調査業務はDDと略されて呼ばれることも多いのですが、通常、**財務・税務DD**は公認会計士・税理士が、**法務DD**は弁護士が専門知識を活かして行います。その他にも**ビジネスDD、人事DD、ITDD**などもあり、時には、それぞれスペシャリティを持った専門家がチームを組んで調査業務に当たります。また最近では、より専門性が求められる**PPA**（Purchase Price Allocation → 142ページ）、**プレPPA**（→ 144ページ）が行われることも増えており、評価業務の領域の中でもさらに特殊かつニッチな専門家が関わることもあります。

適正な企業価値評価を導く評価人

　M&A の中で企業価値評価に関わる評価人は、いわゆる**ファイナンシャルアドバイザー（FA）**に分類されます。適切な企業価値評価を行うためには多岐にわたる専門知識や経験、情報収集能力、情報・データ分析能力などが求められます。時には、評価人は FA としての機能、役割が求められ、買収企業側のアドバイザーとして登用された際には、各種 DD で発見された懸念点、問題点を企業価値評価に折り込んだうえで価格交渉を行う根拠材料を買い手企業（クライアント）に提供することもあります。M&A に際して重要な役割を占める評価人ですが、現在は明確な資格制度はありません。そのため、評価人の経験や専門性に差があるのが現状です。乏しい知識や経験から間違った評価報告書が作成され、買い手企業や取り巻く利害関係者の利益に反する M&A が行われるとしたら、評価人の選定や検討をした担当者に対しても何らかの責任が及ぶかもしれません。

　評価人自体が曖昧な存在かというとそうではなく、**企業価値評価ガイドライン**が公表されるなど、企業価値評価とそれを行う評価人は、いまや M&A に欠かせない存在として認識されています。

〔 アドバイザーの選定について 〕

　DD や企業価値評価など、現在の M&A は、**複雑化、専門化が進んでいる。**
　大型案件は大手に、中規模案件以下では中堅どころの専門機関が担当するという案件規模に応じた専門家の使い分けも増加傾向にある。案件内容や規模、難易度に応じたアドバイザーを適宜選定することは、費用対効果の点から一般的に採用されている。M&A における意思決定を左右するアドバイザーの選定については、報酬も重要な決定要因ではあるが、評価人については、企業価値評価への理解や豊富な経験、適切かつ幅広いアドバイスの提供可能性などから選ぶべきだろう。

5 M&Aのプロセス

　M&Aのプロセスは、案件の初期的な検討から始まり、対象会社の初期的な簡易調査、意向表明や基本合意の締結、各種DDを踏まえた最終的な買収（売却）価格の提示を経て、売買代金の授受となるクロージングで買収が完了します。

■図1　M&Aのプロセス概略

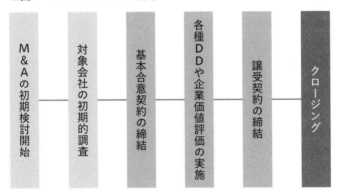

（図中、右から左へ：）M&Aの初期検討開始　対象会社の初期的調査　基本合意契約の締結　各種DDや企業価値評価の実施　譲受契約の締結　クロージング

　M&A自体は、クロージングにて完了となりますが、ここまで無事に辿り着いたからM&Aは成功、というわけにはいきません。**M&Aの真の成果は、買収後に徐々に見えてくるのです。**

　まずは、買収後も含めたM&Aのプロセスを、M&Aの前後で生じる「評価」という軸で整理してみましょう。

　図2は、上場企業が買い手となるM&Aをイメージしたプロセスに価値評価の登場場面を時系列で付記したものです。一般的なM&A成立後、ポストM&Aも含めて、クロージング後もいくつかの価値評価が発生する可能性があることがわかります。クロージング後の評価は、買収後の成果・効果に関連します。

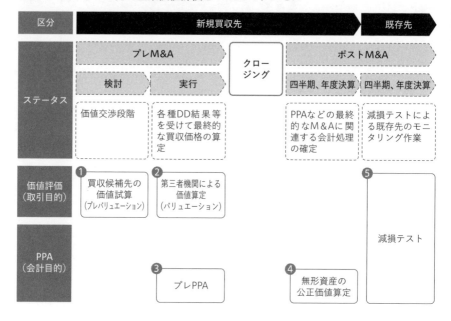

■図2　買い手から見た企業価値評価と M&A のプロセス

| 区分 | 新規買収先 | | | | 既存先 |

（ステータス）
プレM&A ／ ポストM&A
検討 ／ 実行 ／ クロージング ／ 四半期、年度決算 ／ 四半期、年度決算

価値交渉段階 ｜ 各種DD結果等を受けて最終的な買収価格の算定 ｜ PPAなどの最終的なM&Aに関連する会計処理の確定 ｜ 減損テストによる既存先のモニタリング作業

価値評価
（取引目的）
❶ 買収候補先の価値試算（プレバリュエーション）
❷ 第三者機関による価値算定（バリュエーション）
❺ 減損テスト

PPA
（会計目的）
❸ プレPPA
❹ 無形資産の公正価値算定

バリュエーションとプレバリュエーション

　価格決定に関わる企業価値評価のプロセスは、大きく2つに分類できます。1つは、**M&A の初期段階で行われるプレバリュエーション**です。M&A の準備フェーズにおいて初期的な価値分析やシミュレーションのことを指します（❶）。プレバリュエーションは、企業価値の試算により、概算金額を知る目的で各種 DD 実施前に行われます。場合によっては買収対象会社の中長期の事業計画を受領できることもありますが、基本的には売り手が用意した対象会社の概要書であるインフォメーションメモランダムや直近期の決算資料など限定的な資料のみを用いて行われるため、この後に行われる精緻なバリュエーションで算出される企業価値と大きな差が生じることもあります。

　プレバリュエーションでは資料の入手や質問の実施に制限がある一方で、買い手企業、売り手企業で見込まれている事業計画や各種 DD 情報の取り込

みなど詳細情報に基づいて評価を行うのがバリュエーション（企業価値評価・価値算定）です（❷）。買い手側については専門家が発見した各種DD情報も取り込んだうえで、精緻な企業価値を算定し、交渉などを経て価値の最終化までを指します。

　また、M&A実行前に無形資産の簡易的な検討（プレPPA）をバリュエーションと同時進行するような事例もあります。無形資産の財務上のインパクトを事前にある程度把握したいという、主に上場している買い手企業からの要請を受けて実施されます（❸）。

　M&Aに関わるのが上場企業の場合は、PPA（❹）や減損テスト（❺）など、M&Aのクロージング後にも価値評価業務が登場することがあります。

6 企業価値評価の
スケジュール

　企業価値評価はどのようなスケジュールで進んでいくのでしょう？　もちろん企業ごと案件ごとで変わることもありますが、M&Aの価値評価案件を例にスケジュールの概要を見ていきましょう。

　通常は、評価人と契約を締結する前に、評価人へ「案件の相談」をし、「提案書兼見積書」の受領という段階が存在します。この時点で、評価人の繁忙状況や対応の可否、評価人とその担当者とのコンフリクトの有無（→ 30ページ）も併せてチェックします。

評価業務発注前のコミュニケーション

　まずは、評価人の選定が最初の重要な会社判断となります。その点、正式な評価業務発注前の相談・面談・コミュニケーションは、クライアント（評価業務の発注者）、評価人双方にとって非常に重要な時間といえます。

　どの業務でも同じですが、**クライアントの望むものと、提供される成果物に乖離があると、そのプロジェクトはうまくいきません**。特にM&A、企業価値評価といった専門性の高い業務では、評価人はクライアントの希望や背景、情報をできるだけ多くヒアリングし、業務に係る作業のイメージを、クライアントと共有することが重要でしょう。

　評価人に相談・依頼する際は、希望や背景、案件情報や売り手企業の情報などを伝え、懸念点や問題になりそうな点を評価人の専門的見地から明確にしてもらうようにしましょう。企業価値評価を専門的に行う評価人の絶対数が少ないため、選択肢は限られているのかもしれませんが、後悔のないように、しっかりと選定・検討してみてください。

企業価値評価のスケジュール概要

　評価人に対して相談段階での基礎情報を伝え、案件概要・重要情報も可能な限りで共有し、評価人の社内でのコンセンサスがとれた後に**提案書兼見積書**が作成され、提出を受けることになります。提案書兼見積書を受領した時点で、ボールはいったんクライアント側に渡ります。クライアント側は提案内容や見積金額を検討し、必要に応じて社内稟議などを経て正式発注に至ることでしょう。

　図3は、提案書兼見積書に記載されるスケジュール案の一例です。

　まず、評価人とキックオフミーティングを実施し、今後のスケジュール感や会議体・交渉の日程に合わせてその後の作業と提出物のスケジュールを調整します。なお、「想像以上に価値が高い」または「想像以上に価値が低い」ということもよくあるので、報告会やミーティングを挟んで、価値算定の進捗を確認してもよいでしょう。

　算定（評価）の作業期間は案件によって多少前後しますが、提案書兼見積書を作成する助走期間を除き、企業価値評価に必要な資料をすべて提供してから3〜4週間程度もあれば、企業価値評価に関する何らかの資料を受領することができるでしょう。

■図3　企業価値評価（株式価値算定業務）のスケジュールの例（提案書兼見積書からの抜粋）

項目	20XX年								
	X月			X+1月			X+2月		
	上旬	中旬	下旬	上旬	中旬	下旬	上旬	中旬	下旬
キックオフMTG									
資料／情報等の入手	A								
算定作業				B					
報告書の作成							C	D	

A：資料依頼／質問事項リスト（→37ページ）を送付（評価人→貴社）
B：株式価値の速報値を貴社へ報告予定
C：株式価値算定報告書のドラフト版を貴社へ提出予定
D：株式価値算定報告書のファイナル版を貴社へ提出

7 評価人選定のポイントと注意点

　評価業務発注の前に、**評価人を選定する必要があります**。評価人を選定する際には、何を基準にしたらよいでしょうか?

　企業価値評価への知識や理解、コミュニケーション能力やこれまでの実績や事例、経験値などについて確認してみましょう。ある程度具体的な内容を開示できるのであれば、今般相談したい案件に類似した評価事例について評価人とディスカッションすることも有用でしょう。

　また、提案書兼見積書を入手して適切な価値評価が行えるかを検討・確認するのもよいでしょう。企業価値評価は、評価作業段階に移行するとさまざまな難解な論点が見えてくることもあり、M&A そのものにおいても当初想定以上の問題点が発生することもあります。売り手・買い手のいずれの立場としても、明示的に気づいていないような潜在的な問題点や論点の発生可能性などを事前に推察できる評価人を選定できるとよいでしょう。

"コスパ"に優れた評価人を選定する

　代表的な選定基準は、価値評価業務の報酬・費用ですが、支払う金額の多寡より重視したいのは費用対効果ではないでしょうか。

　上場企業が関わる M&A では、クロージング後に PPA（状況次第では減損テスト）という、いわば「価値評価の延長戦」ともいえる業務が発生する可能性があります。とりわけ PPA は、M&A での企業価値評価業務（バリュエーション）に比べるとさらに専門性が高いため、PPA を専門にする評価人を別途選定しなければならない可能性もあります。

　M&A での企業価値評価と PPA で評価人を別途登用するとなると、対象会社の財務情報や基礎的な評価関連情報などの両評価業務の共通事項・重複箇所が活かせないため、コスト面でも重複箇所の削減効果が働きません。実務

上でも資料や情報なども別途評価人ごとに準備・送付する必要性が生じ、特に買手企業では M&A の前後ともに負担が発生することでしょう。

できればプレバリュエーションからバリュエーション、クロージング後の PPA まで一気通貫で請け負ってくれる評価人に依頼することが、"コスパ（コストパフォーマンス）"にも、"タイパ（タイムパフォーマンス）"にも優れた選択といえます。

昨今では、買い手企業の会計監査人が評価レポート（企業価値の評価報告書、株式価値算定報告書など）の内容を確認、レビューするようになりつつあります。また、コーポレートガバナンス強化の観点から取締役・社外取締役・監査役も評価レポートの内容に関心を示しているという話も耳にします。

評価人の業務は、評価レポートの提出、価値や価格を算定して終わりではなく、評価レポートの内容に対するアフターフォロー対応・体制（会計監査人やその他の関係者からの質問への対応）、費用の有無も確認しておいた方がよいでしょう。

なお、案件によっては FA が買収価格の算定業務を担うこともあります。FA は M&A 案件の完了にて業務終了となることが通例なので、PPA が必要になると、PPA の評価人を新たに選定することになります。案件の当初または途中でも、PPA の必要性を確認し、必要に応じて PPA 対応が可能な評価人にあたりをつけておいてもよいでしょう。

価値評価業務は見積りの性格の強い業務といわれており、会計監査人も同じ監査法人グループにいる評価の専門家とともに、相応の確認手続きを実施してきます。会計監査人からの質問に対応可能な人員体制、評価業務の品質管理体制、クロスボーダー案件では、海外企業の評価業務の経験や対応可能な言語（英語によるコミュニケーションの可否）なども併せて確認しておくとよいでしょう。

第三者機関に厳密に求められるコンフリクトの有無

　企業価値評価を依頼する場合のポイントのひとつに、**コンフリクトの有無**の確認がある。「利害の衝突」を意味するコンフリクトは、例えば依頼する評価人が抱えている案件そのものや、評価人個人や評価人が経営する会社の株式の保有状況、従業員親族の勤務状況などによって発生する可能性がある。

　特に評価人は、**第三者機関であるがゆえの独立性、客観性、中立性**が求められる。大手監査法人系列のアドバイザーや評価人は、監査業務も含んだコンフリクトチェックが厳しく実施されるが、大手以外でも評価人についてはコンフリクトの有無を確認しておいた方がよい。

　企業価値評価は、**株主を含むステークホルダーに対する説明責任を果たす役割**も持つ。依頼先となる評価人は、"第三者"評価機関として公平な価値評価を阻害するコンフリクトを完全に排除する必要がある。

8 提案書兼見積書の見方

　通常、評価人とクライアント（買い手）の両者間で案件の大枠について打ち合わせを持った後に作成されるのが、**提案書兼見積書**です。

　提案書兼見積書の提出前の打ち合わせで評価人が確認したい事項は、取引の内容や評価の対象となる企業の名称、財務概要や事業概要、案件概要などの企業価値評価の方向性を決めるための必要最低限の情報です。秘匿性の高い情報が多い案件であれば、**最初の評価人への情報提供に際して、NDA**（Non-Disclosure Agreement、秘密保持契約）の差入・締結を依頼してもよいでしょう。

　評価人は、クライアントから提供された情報をもとに評価業務の組み立て・設計をし、実際の評価で必要となる情報、スケジュール案や論点をまとめ、作業予想時間数やリスク判断の結果として費用感を見積もり、最終的に提案書兼見積書を作成します。

　見積書というと紙1枚程度のものを思い浮かべる人も多いでしょう。しかし、企業価値評価に関わる提案書兼見積書は、費用だけの記載ではなく、価値評価業務の論点などに言及した方がよいと考えています。M&Aの成否に影響を与える可能性もあるため、提出を受けた際には、費用・金額のみならず、記載内容をよく確認し、必要があれば質問したり説明を受けるためのミーティングを依頼しましょう。特に提案書兼見積書に記載されている重要な論点については理解を深め、評価人の理解に相違があったら指摘するなどして、方向性の一致を図りましょう。

提案書兼見積書に記載されている5つの項目

　提案書兼見積書には、大きく以下の5つの項目が記載されています。

①案件概要、評価人の理解、評価の設計概要

②想定される評価上の論点

③スケジュール（案）

④報酬額の見積り

⑤評価人の紹介（含む案件実績の紹介）

それぞれの項目について簡単に見ていきましょう。

① 案件概要、評価人の理解、評価の設計概要

　提案書作成に先立つ打ち合わせで伝えた**自社の要望や案件に適した（採用が予想される）評価手法**などが記載されます。記載された内容に理解の相違がないか、評価人の認識と依頼内容の齟齬の有無を確認しましょう。評価人の理解という大前提が相違していたり、案件概要や依頼の意図が異なっている場合、見積りだけでなく、目指すべきゴールまで変わってしまう可能性があります。案件概要に相違や齟齬を感じた場合はすぐに評価人に確認し、必要があれば提案書の再作成を依頼しましょう。

② 想定される評価上の論点

　評価人が対象会社の価値評価を検討する際の論点が記載されます。評価人は、案件の論点を専門的見地や過去の経験や類似案件から指摘するので、案件に対する自社の理解を深めることにもつながります。論点が多い案件は、その分評価人の作業時間も増え、報酬も増額される傾向にあるので説明を求めてもよいでしょう。

　ただ、評価人が選定した評価手法の削減を依頼するのは難しいところです。費用の観点からは、例えば１つだけ、DCF法のみを指定したくもなります。しかし、本来的には評価手法の選定は、評価人の専門的判断の領域にもなり、後々、なぜ他の評価手法で価値の確認をさせなかったのか？　というどこかから指摘を受けるような事態が生じる場合もあります。不要な評価手法を削減させることに異論はありませんが、評価手法の限定は、価値の不確実性なども考慮すると好ましくなく、後々問題となることもあるので慎重に

対応した方がよいでしょう。

③ スケジュール（案）

　実際に業務を依頼してから成果物（評価レポート）の受領まで、つまり**業務の開始から業務の完了までのプロセスと日程感が記載**されます。資料依頼・質問リストのように買い手企業や売り手企業の担当者が対応しなければいけない事項とその時間も考慮されているかどうかを確認してください。企業価値評価書を受領するまでの期限、タイムラインの目安がある場合や、売り手企業の必要資料の準備や回答作成期間など、対象会社が対応に要する時間も考慮されているでしょうか？　決算や株主総会などと重なる時期では、多少の余裕を見ておく方が無難です。

④ 報酬額の見積り

　評価の作業時間や想定されるリスクなどを含めた報酬、費用が記載されます。価格交渉や検討状況によっては、複数回の評価シミュレーションや複数のシナリオに基づく評価が必要となったり、事業計画の入れ替えや修正（微修正も含む）を要する案件も増えています。見積金額の総額だけでなく、**見積りに何が含まれ、何が含まれていないかを確認**した方がよいでしょう。特に、対象会社の事業計画について複数のシナリオを使用したい場合や、事業計画が論点となりそうな案件では、注意が必要です。再評価の回数によっては途中で評価人から追加費用の要請を受けることもあります。

⑤ 評価人の紹介（含む案件実績の紹介）

　特に、初めての評価人への発注を検討する際には、記載を依頼しましょう。評価人のホームページなどでも概要や最新情報は確認できると思いますが、類似案件に関する実績などはホームページに記載していないこともあります。その他、案件の**担当予定者、案件の責任者の経歴を含むプロフィール**などが記載されます。評価人が過去にどのような評価業務を行ってきたか、最近どのような業務に当たっているかなどの情報は、**評価人の経験や信頼性を判断する材料**になります。

9 業務委託契約の締結に関する注意点

　提案書兼見積書の自社内での検討が完了し、正式に評価業務を発注すると、評価人と**業務委託契約を締結**することになります。

　M&A関連の価値評価業務で使用する業務委託契約書には主に、**①業務委託の内容**、**②報酬**、**③秘密情報の取り扱い**、**④業務上の責任の範囲**、**⑤成果物の第三者開示の取り扱い**などが記載されます。

　日本公認会計士協会が発行する『企業価値評価ガイドライン』には評価業務で使用する業務委託契約書のひな型が公開されています。クライアントと評価人の業務委託契約の多くは、ガイドラインに掲載されている契約書のひな型を準用したような契約書面が用いられていることも多いと思います。

　評価人とクライアントの双方が業務委託契約書の内容に同意し、双方での契約締結が完了したら評価業務開始の準備が整ったことになります。最近では電子署名も増えていますが、押印、製本済みの業務委託契約書を評価人とクライアントで各一部ずつ保有して手続き完了です。

意外なタイムロスを生む業務委託契約の手続き

　検討を経て無事に正式に発注！　企業価値評価業務の開始以前にいくつかのハードルを越え、これでようやくM&Aに向けた具体的な動きが始まる！　と一安心したいところだが、クライアントと評価人の間で交わされる**業務委託契約の締結に思いの外時間を要することがある**。スムーズにM&Aを進めるためにも、契約書の締結までにどのような手続きが必要か、どの程度の時間を要するかについて、**社内の法務担当などと相談のうえ、事前に把握しておいてもよいだろう**。評価人によっては、業務委託契約書の確認・締結作業と評価業務の提供を同時に進行できることもあるので、状況に応じて評価人に相談して解決を図ることもひとつの手だ。

1．取引目的における業務委託契約書

業務委託契約書[70]

　●●●●[71]（「委任者」）と●●●●（「受任者」）は、次のとおり業務委託契約（「本契約」）を締結する。

第1条（目的）
　　委任者は、●●株式会社（「対象会社」）が発行する全ての普通株式の買取[72]（「本件取引」）を検討するに当たり、その経営意思決定の参考とするため、対象会社の株主価値算定[73]（「本件業務」）を受任者に委託し、受任者はこれを承諾する。

第2条（本件業務の前提及び双方が協議した手続）
　　本件業務の受託は、別紙1に記載された事項を前提とする。
2　本件業務は、別紙2に記載のある双方が協議した手続を実施する。

第3条（依拠すべき情報）
　　本件業務は、平成●年●月●日までに受任者又は対象会社から提供された対象会社に関する情報に依拠する。受任者は、適切と考える場合、同日より後に提供された情報又は受任者若しくは対象会社から提供された以外の情報も利用することができるが、それらを利用する義務を負わない。

第4条（業務委託料等）
　　本件業務に対する業務委託料は別紙3に記載のとおりとする。
2　本件業務の目的、前提又は双方が協議した手続の範囲や内容の変更等により必要な作業が変化した場合、受任者は業務委託料を変更することができる。
3　本件業務に付帯して発生した受任者の経費は、委任者の負担とする。
4　受任者は、本件業務の完了後、消費税及び付帯経費とともに、業務委託料を委任者に請求する。

第5条（再委託）

---

[70] このひな型は民法上の準委任契約を締結する前提で作成されている。準委任契約において受任者は善管注意義務（過失責任）を負うが、請負契約と異なり担保責任（無過失責任）を負わない。ただし、契約書のタイトルを業務委託契約書としただけで準委任契約となるわけではない。
[71] 依頼人名を入れる。
[72] 委任者が検討中の案件の内容を要約する。
[73] 受託する業務の内容を要約する。

※日本公認会計士協会『企業価値評価ガイドライン』より一部抜粋

資料依頼・
質問リストへの対応

　キックオフミーティングでの当面の評価作業と業務概要のすり合わせが終わると、企業価値評価に必要な**資料・情報の提供**というフェーズに入っていきます。評価人からは、企業価値評価に必要な資料・情報を依頼する「**資料依頼リスト**」と、専門的な事柄も含む情報を集めるための「**質問リスト**」が送られてくるでしょう。

M&A 当事者のファーストアクション「質問リスト」

　ここまでは、評価人に業務を発注して見積書兼提案書の提出を待つ受動的な動きが中心でしたが、「資料依頼・質問リスト」が到着すると、いよいよM&A の当事者としてのアクションが始まります。企業価値評価に必要な資料や質問を記載したリストですので、買い手企業から見ると、主な回答者は、売り手企業側の担当者になります。一部買い手企業に対する内容が含まれることもありますが、その際にはリストそのものが買い手用と売り手用に区分されて作成・送付されてくるでしょう。

　なお、資料依頼・質問リストのやり取りの方法は案件や企業によって少し変わります。評価人から直接的に買い手企業の担当者に送付（クライアント側の関係者をメールのCC に入れて）することもありますし、買い手企業経由で売り手企業の担当者の手に渡ることもあります。双方に FA や仲介会社がついている案件では、FAや仲介会社経由でやり取りすることもあります。案件の初期段階で決定すべき運用ルールに含まれると思いますが、自社にとって極力負担のない方法を選択すればよいと思います。

　図5 は、資料依頼リスト・質問リストを1 つにまとめて作成した例です。売り手企業のマネジメントや担当者であれば、このようなリストが買い手

No.	日付	項目	種別	資料依頼 / 質問内容
1	20XX/XX/XX	案件概要	資料依頼	本案件の概要が把握できる資料（インフォメーション・メモランダム、稟議資料や投資委員会資料など）
2	20XX/XX/XX	会社概要	資料依頼	評価対象会社の会社概要・事業概要がわかる資料
3	20XX/XX/XX	業界情報	資料依頼	対象会社の属する業界を分析した資料
4	20XX/XX/XX	事業計画	資料依頼	対象会社の事業計画（PL 計画、BS 計画、CF 計画、設備投資・減価償却費計画を含む）
5	20XX/XX/XX	計画の背景	資料依頼	事業計画の背景がわかる資料、事業計画を分析した資料（各種計画値の背景や、販売単価・販売数量見込、経費見込、市場環境等の分析資料等があると望ましい）
6	20XX/XX/XX	事業計画	質問	事業計画に記載のない事象（CF に影響を与えるような設備投資や資産の購入または処分等）がありましたら、その内容をご教示ください。
7	20XX/XX/XX	事業計画の進捗状況	質問	事業計画の今期の達成状況や達成見通し等をご教示ください。
8	20XX/XX/XX	上場類似会社	質問	評価対象会社と事業内容等が類似している上場企業の名称を 5 – 10 社程度をめどにご教示ください。
9	20XX/XX/XX	財務諸表	資料依頼	決算資料（決算概要を含む BS、PL、CF、付属明細表・勘定科目明細など）
10	20XX/XX/XX	四半期報告書	資料依頼	直近の四半期または半期報告書（決算概要を含む BS、PL、CF、付属明細表・勘定科目明細など）
11	20XX/XX/XX	現預金	質問	現在保有している現預金のうち、事業遂行上必要な運転資金の額（または余剰現預金、余資額のご回答でも構いません）をご教示ください。
12	20XX/XX/XX	簿外債務	質問	BS に記載のない簿外の債務がありましたら、その内容をご教示ください。
13	20XX/XX/XX	有価証券 /投資有価証券	資料依頼	保有している有価証券の内容（銘柄、保有数、取得価格、上場・非上場の別、時価、保有目的等）
14	20XX/XX/XX	不動産	資料依頼	保有している不動産のうち、遊休資産の内容（遊休資産がない場合にはご提出不要です）（不動産の場所、土地の面積、取得価格、簿価、時価、利用状況など）
15	20XX/XX/XX	有利子負債	資料依頼	有利子負債の内容（借入先別残高とその付保状況、借入期間、返済計画、当初借入額・残債務額、資金使途等）
16	20XX/XX/XX	法人税	資料依頼	法人税の確定申告書（添付資料含む）
17	20XX/XX/XX	実効税率	質問	対象会社に将来適用される見込みの実効税率をご教示ください。

側から送付されてきます。

　一方、買い手側（および買い手側のアドバイザーや評価人）は、このようなリストの回答を売り手側に求めることになります。基本的には、リストに沿った資料や回答の準備を売り手企業に依頼し、資料やデータ、事実に基づいて質問に回答してもらえば問題ありません。買い手企業の担当者としては、売り手企業に大量の資料や質問を用意させることに多少の不安があるかもしれませんが、初めから「すべて完璧に答える必要はありません」とアドバイスしてもよいでしょう。

　資料依頼・質問リストのやり取りでは、売り手企業から提出した資料や回答に対して、さらに追加依頼や質問が生じてくる可能性もあります。最初から完全な資料の受領を目指すのではなく、**評価人との間で受領資料の不明な点を確認したり、売り手企業で準備が困難な資料の代替案・代替資料の検討をしたり、また、資料や質問の重要性を評価人に付してもらうなどの効率的に進めるためのやり取りをしながら**、状況に応じて適宜進めていくのがよいでしょう。依頼資料や質問の意図を評価人に確認することで、関係者間（売り手・買い手・評価人）のミスコミュニケーションを排除できることもあります。資料の提出や質問の回答作成に売り手企業が悩んでいるような状況では、評価人にその意図を確認してもよいでしょう。

　また各種DDが並行して実施される案件では、企業価値評価に係る資料依頼や質問は、財務、税務、法務、事業、人事、IT などの各DDチームと連携・共有を図ることが一般的ですので、評価人からの直接的な依頼資料と質問の量は相当程度軽減されます（売り手としては他のDDチームから資料依頼と質問が来るので、総量としては変わらない可能性もありますが）。各種DDを並行して実施する案件では、各種DDで登用される各専門家チームが編成されることになりますので、案件の当事者・担当者は専門家チームに連携を取らせて、コントロールする必要があります。

11 価値評価報告書（評価レポート）の受領

　企業価値評価に必要な資料の提出・質問の回答が完了すると、その資料や回答に基づいて評価人が評価作業に取り掛かります。ここでの評価作業の最終的な成果物が、「**価値評価報告書（評価レポート）**」になります。評価レポートでは、価値の算定結果のみならず算定の経緯や参考情報などが記載されます。

　なお、評価する対象が株式の場合には、レポートの冒頭に「株式」の文字を付して「株式価値評価報告書」となり、評価対象が事業の場合には、「事業価値評価報告書」となるなど、評価対象によって、冒頭の文字が変わります。また、評価という文言についてはいくつかの種類があり、「算定」という文言を用いることが多く、実務上では「株式価値算定報告書」という表題のレポートを目にすることが多いでしょう。案件内容によっては、算定とは異なる言葉を用いることもあります。疑問に感じた際には、評価人に質問してみましょう。

　「株式価値算定報告書」を受領する前に、多くの案件では、買い手側が想定している買収価格のイメージ（M&Aの予算レンジ）、価格の想定もあるので、最終的なレポートとして確定させる前に1～2回程度中間報告会を設けることもあります。暫定的な価値の報告や関連資料の提出、重要な論点や問題点が存在する場合には、途中経過を共有するための打ち合わせを実施しておいた方が、双方の認識のズレなども防げるでしょう。

　一般的にはドラフト版の価値評価報告書（評価レポート）をもって社内での価格に関する検討が本格化し、案件の検討完了や決裁・決議とともに価値評価報告書の最終版（ファイナル版）を受領する流れになります。

12 企業価値評価業務の依頼のポイントと注意点

これから M&A を具体的に検討する企業として、企業価値評価業務を依頼する際に明確にしておきたいのが、「評価レポート（評価報告書）を入手する目的」です。

評価レポートの入手目的・利用目的を明確にする

評価レポートは、買い手にせよ売り手にせよ、M&A の売買価格検討の参考資料を入手するために発注・依頼することが多いと思いますが、その利用目的について考えてみましょう。例えば、ある程度交渉が進み、正式な価格交渉・決定プロセスに向かう段階では、評価レポートは**最終的な価格決定を目的とする社内利用**がメインになります。

一方で、交渉途中の段階であれば、買い手はより安く、売り手はより高い価格で交渉するための材料、つまり**交渉目的での利用**をメインとして入手したいこともあるでしょう。

M&A には、売り手と買い手がいて、そのどちらも利益を追求する企業である以上、交渉のテーブルには双方の思惑が入り乱れることも珍しくありません。価格交渉がある程度まとまりかけている前提で、社内討議用の評価レポートを取得するのは目的にかなっていると思います。しかし、「買い手企業はできるだけ低い価格で買いたい」「売り手企業はできる限り高い金額で売りたい」といった価格交渉に大きな開きがあるような状況で、社内利用目的の評価レポートを取得しても、未だ社内意思決定の段階でもないので、活用しづらいのではないでしょうか。

交渉と社内討議用の相違

　財務DDで指摘された価値を毀損するような財務上の問題点などを取り込み、売り手企業の将来の見通しも悲観的に見るなど買い手側の保守的な主張を優先させた（誤解を恐れずに表現すると）低い価値が記載された評価レポートを、社内利用目的で取得したと仮定しましょう。できれば低い価格で交渉を勝ち取りたい買い手企業としては、財務上の問題点などをすべて反映した低い価格を主張するための交渉材料となるでしょう。想定より低い価格で妥決できる可能性を感じ、社内手続きはスムーズに進んだものの、最終的に「過小評価された」と感じた売り手企業と合意できず、結局のところ、価格を上方修正しなければいけないケースは実際によく見られます。

　相手との交渉の最中であれば、社内利用のみならず**価格交渉目的の要素も含んだ評価レポート**の取得を検討する必要があります。いたずらに価値を下げるマイナス材料ばかりを交渉のテーブルに持ち出すと、相手はどう思うでしょうか？　マイナス材料をふんだんに取り込んだレポートを買い手企業の社内で見る立場の人は何を感じるでしょうか？　交渉用と社内利用目的のレポートは兼ねることもありますが、さまざまな関係者がどのように感じるかに配慮しながら、評価人と協議して最終化に向け進めた方がよいでしょう。

　以前は、買い手側企業の社長が「買収予算は〇億円」などとややアバウトな価値観・数字を示し、社内のM&Aチームやコンサルタントがその希望価格に合わせて作った価値評価報告書が存在しました。反対に、売り手企業がどんぶり勘定で買ってほしい金額を提示し、それに納得した企業が買収するという買収後の企業価値の実現、ひいては経営統合が買収当初の想定以下になるようなM&Aも多数ありました。

　M&Aの増加とこれまでの反省点も踏まえ、M&Aを取り巻く市場も成熟し、以前ほど無謀な検討は相当程度減少したと思います。しかし、評価レポートの使い方や取得目的を考えず、利用目的を曖昧にすると、いくら交渉を重ねて社内検討を繰り返しても効果的な適正価格でのM&Aは実現できません。評価人に評価レポートを依頼する場合は、**交渉の現状を正確に伝達し、評価レポートの取得目的を明確化したうえで依頼する**とよいでしょう。

　以前は、売買価格の決定の根拠となる企業価値評価を社内で完結させるような事例も珍しくありませんでした。

　しかし、M&Aと企業価値評価を巡る環境、状況は大きく変わりました。M&Aの取引件数は増加する一方で、企業を売った買ったで終わりのM&Aという時代は終焉を迎えつつあります。経営統合後の効果や業績に注目が集まるようになり、株主などからも"M&Aの質"が問われる時代が到来しています。

　企業が業容・業績拡大を図るための効果的な手法として注目を集めるM&Aは、株主他ステークホルダーの主要な関心事でもあります。株主などの関心の高まりとともに、M&Aの費用対効果、シナジーの発現などが注目されるようになりました。

　また、コーポレートガバナンスの強化を求める声は日増しに強くなり、2015年に金融庁と東京証券取引所によって『コーポレートガバナンス・コード』が策定されてからは、企業は市場なども含め厳しい監視の目にさらされるようになってきました。

　会計監査の観点では、2021年3月期から一部を除く金融商品取引法監査が適用される会社に対して、記載が求められるようになった監査上の主要な検討事項（Key Audit Matters、KAM）が監査報告書のあり方に変化をもたらしています。

　これまでの監査報告書は、財務諸表の適正性に関する「意見表明」が主要目的で、上場企業であれば、実際の記載内容は概ね画一的なものでした。しかし、KAMの記載が義務付けられて以降は、各企業の投資家の意思決定に影響を及ぼしうる主要な会計項目が積極開示されるようになったのです（図6）。こうした環境の変化、株主を含む周囲の意識の変化、社会の変化に伴い、M&Aについても、M&Aの当事会社から独立した立場を保持する第三者機関による客観的な企業価値評価が求められるようになっています。

　なお、欧米を中心とする海外では評価人・評価会社は多数存在していますが、日本では、M&Aアドバイザーの急増に比して、評価専門機関はまだまだ数が少ないのが現状です。M&Aの市場が国内に限定されないことや、多くの日本企業が世界市場に目を向けている現状を見ても、企業価値評価の需要は、今後ますます高まることが予想されます。

■図6　主要な会計項目と開示社数

項目	開示社数（連結財務諸表）
固定資産の評価	83
のれん・無形資産の評価	57
収益認識	45
繰延税金資産の評価	41
引当金の見積り（貸倒引当金以外）	26
その他	93
計	345

※デロイトトーマツが公表した2021年3月期決算企業の中から日経225銘柄企業186社を対象に、KAMに関する記載のあった項目を抽出

第 **2** 章

企業価値評価を
読み解くための
基礎知識

第1章では、M&A における企業価値評価の基本的
な進め方について述べました。
第2章では、M&A に関わる実務担当者が企業価値
評価を正しく理解し、さまざまな情報やデータに基づ
いて作成される企業価値評価報告書を読み解き、
ツールとして使いこなすことを目指すうえで最低限
知っておきたい基礎知識について解説します。

1 企業価値評価における 価値の種類と定義

　第1章3項でも述べたように、「企業の価値」は当該企業の現在の決算状況だけでなく、主観的な将来事象や経済的市場的な要因など多種多様な要素を複数含んでいます。企業価値評価を正しく読み解くための基礎知識として、企業価値に関わる用語を正しく理解する必要があります。

企業価値評価における3つの価値とその定義

　本書では総じて「企業価値」という表現を用いていますが、価値は大きく「事業価値」「企業価値」「株式価値」の3つに分類でき、それぞれの定義に基づいて使い分けられます。なお、価値の定義や用語については企業や専門家間で多少異なる可能性もあるので、案件ごとに確認した方が認識相違が起こらずに済むでしょう。

　「事業価値」「企業価値」「株式価値」の関係は、貸借対照表の構造に重ねてみると理解が容易です。

　貸借対照表（バランスシート、BS）は左側に「資産」、右側に「負債」と資産から負債を差し引いた「純資産」からなり、左と右それぞれの合計額が一致するという左右一対の構造になっていることはご存じでしょう。

　一方、図8は、貸借対照表に形式を合わせて「事業価値」「企業価値」「株式価値」の関係性を示したものです。

- ● 主要な事業の価値を示す「事業価値」

　「事業価値」は、文字通り評価対象会社の事業の価値のことです。ここでいう事業は主に本業として営む主たる事業を指します。事業価値が各種の価値の概念の中で最も重要であり、企業価値や株式価値を算出する際の起点になります。DCF法や類似会社比較法では、まずこの事業価値を算出すること

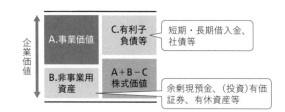

■図7　一般的な
　　　貸借対照表の構造

■図8　事業価値、企業価値、株式価値の関係性

から始めます。

　多角的に事業を行っている場合など、企業によって多少定義が異なることがあるので注意が必要ですが、本書では「事業価値＝本業の価値」と定義します。企業における本業とは定款に目的として記載されている事業のことで、本業から得られる利益は営業利益と考えてよいでしょう。

● 企業の全体的な価値を示す「企業価値」

　事業価値に非事業用資産（または事業外資産）を加えたものが「企業価値」になります。事業価値に非事業用資産を加えた企業価値は、企業全体の価値を表します。

　非事業用資産とは、事業活動とは原則的に無関係に保有している資産であり、評価対象会社の事業から創出される営業利益や営業キャッシュフローに貢献しない資産のことです。対象会社が保有する現預金総額から当面の事業の運営に要する運転資金を控除した余剰現預金や、資金運用目的で保有する他社の株式や社債などの投資有価証券、遊休資産（未活用の不動産など）などを指します。

● 株主に帰属する「株式価値」

　「株式価値」は、企業価値から短期・長期借入金、社債などの有利子負債を差し引いた価値のことです。その価値は株主に帰属するため、株式を売買する案件では、株式価値の算出が最終目的になります。対象会社が発行する全株式を取引対象とするM&Aが最も多いので、株式価値を求める案件が実務上も大多数です。

株式価値を算出する手順は、図8のA＋B−Cで表されているように、事業価値＋非事業用資産−有利子負債等＝株式価値という計算式で算出します。

図9では、各評価と対応する損益を対比しています。経常利益を割引計算すると企業価値が算出できるという関係性ではありませんが、企業価値には経常利益を構成している損益（有利子負債を除く）がCFまたは非事業用資産を通して反映されています。

図9　価値とPLの関係性

【価値】		【損益計算書（PL）】
事業価値	=	営業利益
企業価値	=	経常利益
株式価値	=	当期純利益

2 M&A のスキームと企業価値評価

　案件を検討する際には M&A のスキーム（手法・ストラクチャー）についても併せて考えなければいけません。各スキームにはそれぞれメリットデメリットがあり、目的に沿ったスキームを選択していくことになります。各スキームについて本書では詳しく説明しませんが、参考までに図 10 に主なスキームの一覧を示します。

　最も一般的なスキームは、売り手企業の株主から株式を取得し、現金で対価を支払う株式譲渡ですが、経営統合後の法務、税務、財務の PMI（Post Merger Integration、M&A 後の統合プロセス）などの観点から、株式譲渡以外のスキームが選択されることがあります。企業価値評価の観点からスキームを選択したり、既に選定されたスキームが変更されたりすることはあまりありませんが、選択されたスキームによって求めるべき価値が異なるため、評価の内容や方法、評価結果が変わることがあります。

■図10　主な M&A のスキーム

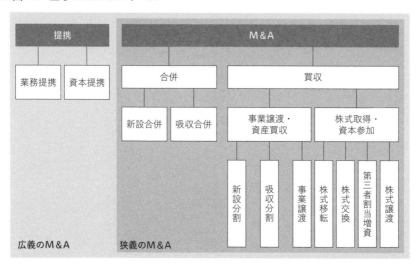

実例を挙げてみましょう。株式譲渡などの典型的なスキームでは、評価レポートには、評価対象会社の株式価値が記載されます。しかし、株式交換や合併といった現金買収による株式譲渡を前提としないスキームでは、株式価値の算出は行うものの、株式価値の重要性は一段下がります。

株式交換や合併では比率を用いるため、株式交換や合併などを選択した案件の評価レポートには、株式価値から算出された株式交換・合併「比率」が最重要情報として記載されます。したがって、レポートには株式交換を行う当事者2社の価値が○円と●円という表記のみならず、▲：■といった比率が記載されます。比率の算定には株式価値を用いますが、レポートのサマリーの最上段には比率が記載され、比率計算の基礎とした株式価値は次いで記載されるような重要性の位置付けになります。

多様性が進みつつある M&A スキーム

M&A はその名の通り、Merger（合併）と Acquisition（買収）を表しますが、広義の意味として提携を含む場合があります。日本での M&A 件数の増加に伴い、単純な現金による株式譲渡以外のスキームを使った M&A も増えつつあります。

株式譲渡以外のスキームの例として紹介した株式交換は、組織再編に適したスキームとして選択されることがあります。

株式交換は、買い手が売り手企業を 100%子会社化する際に用いられるスキームのひとつで、親会社になる買い手企業が、子会社化される企業の株主が保有する株式をすべて取得、その対価として売り手企業の株主に買い手企業（自社）の株式を交付することで成立します。

どのスキームを選択するかは M&A 成功の重要な要素のひとつであり、M&A の多様化、複雑化が進む今後は特に、スキームごとの特徴を把握して選択の幅を広げておくことも重要です。

3 過去の実績と将来の見通しを確認しよう

　企業価値評価手法の代表格である DCF 法は、対象会社が生み出す将来の
キャッシュフロー（CF）を現在価値に換算し、その合計額を価値（主に事業価
値）とする手法として知られています。

　将来の CF を評価に用いる際に重要となる情報が**事業計画**です。

事業計画はあくまでも計画であり見込み

　事業計画は、企業が行う事業の目的や目標、方向性、今後の戦略を財務的
に表現した収支計画などを含む"計画"のことで、**3 年から 5 年程度の計画
期間で策定されることが多い**と思います。**中期経営計画**と称されることも多
いでしょう。ただ、事業計画期間は企業ごとに多少異なることもあり、企業
が取り扱う製商品やサービスのライフサイクルなどによっても異なることが
あります。事業計画は、あくまでも策定企業が見込んでいる計画、見込値な
ので 100％確実な数値ではありません。

　また、事業計画は、事業を推進するに際しての今後将来の見通し値、見積
りです。非上場企業や中小～中堅企業の売却案件でたまに目にしますが、赤字
が継続していたにもかかわらず、根拠なく売上・利益が急成長するような事業
計画は、第三者や他者に対して通用しません。極端な事例は別として、企業
価値を適正に測るためには、事業計画を最初に読み解く必要があります。

バラ色の事業計画を鵜呑みにするリスク

　DCF法では、対象会社の事業計画をもとに、その企業が将来得られると見
込まれる**フリーキャッシュフロー（FCF →第3章2、3項）**を計算することから始
めます。加えて、想定されるリスクを割引率として考慮するという概要です。

つまり、M&Aにおける評価対象会社の事業計画が「バラ色の将来」であるのに、同じ業界の標準的な割引率で価値評価をしてしまうと、その企業の価値は過大評価となります。せっかく企業価値評価を行ったのに、過大な価格で買収してしまう、提示価格が低すぎて破談になってしまうといったことは、なんとしても避けたい事態です。

事業の未来は"過去"にある

　では、事業計画を読み解くためには何が必要でしょうか？

　事業計画の「期待値」の部分を客観視して、理解を深めるために見るべきもののひとつは、**企業の"過去"**です。企業の未来の業績はどんなに詳細に分析して予測確度を高めても、一定程度の不確実を伴う予測でしかありません。一方で、過去の実績は事実であり、未発見の不正や会計操作などがない限り、不確定要素はないはずです。

　企業の未来を知るために、既に確定した過去を見る。事業計画は過去の実績の延長線上に位置するものです。

　右肩上がりの成長を見込んでいる事業計画が「バラ色のシナリオ」なのかどうかを見極めるポイントのひとつとして、過去数年の成長率を見ることから始めることが有用であることは理解できるでしょう。過去数年間にわたって成長している実績があれば、将来も同程度の成長を期待できそうな気がしませんか？　しかし、乱高下を繰り返したり、減収減益傾向にある企業が、来年からは急に業績が上向きそのまま成長すると主張されても、聞き手は素直に受け止められず、これはやはり楽観的すぎるといわざるをえないでしょう（急成長が期待されるベンチャー企業は除きます）。

　財務DDレポートで記載される正常収益力などを参考にしつつ、概ね過去3期程度の実績を勘案し、その企業が持つ収益力をよく把握してください。ただ、過去実績といえども、粉飾や会計操作の懸念があったり、買い手企業との会計方針の相違なども考えられるので、財務DDの専門家に調査を依頼し、調査レポートを入手した方がよいでしょう。

4 事業計画の検討

　続いて、企業価値評価にとって重要な要素である事業計画の検討方法について、主に買い手企業のアドバイザーという立場から見ていきます。

M&A 直後からの急激な業績進展を前提にしない

　前述したように、事業計画は不確実な要素も含んだ見積りの塊です。しかし、M&A が成立して買収が完了すると、買われた企業は買った会社の傘下に入って営業を継続することになります。PMI の苦労についてはいうまでもありませんが、仮にシナジーが見込める「成功」と呼べる M&A だったとしても、その成果を発現するまでの金銭的、人員的、時間的コストは必ずかかり、営業活動についても統合作業などのため一時的な低迷が予想されます。

　統合後、猛スピードでシナジーを発現したい気持ちはよくわかりますが、計画期間1期目に当たる統合初年度に配慮し、業績の伸展やシナジーの発現を計画2〜3期目以降とすることも検討できると思います。

　統合初年度は急激な成長を期待せず、地盤を固めることに徹するくらいのつもりで、よりリアルに検討を進めた方が、その後のシナジーの発現や思い描く統合効果を発揮する近道になるのではないでしょうか。

事業計画の期間を考慮する

　事業計画を検討する際に意外と議論にならないのが、事業計画の策定"期間"です。5年程度の期間で策定されることが多いと感じますが、業種や業界の特性などを無視して、やや習慣的に「とりあえず」5年程度としている事例も多いと感じます。

　5年（または5年以上）程度の計画期間で策定された事業計画を例に取ると、

規模も大きい安定成長企業であれば、その計画値に信頼を置けそうな印象を受けるでしょう。しかし、急激に成長を見込む企業ではどうでしょう？　新しい市場を相手にしている新興企業やベンチャー企業は、3年程度の期間だと成長途上である可能性があります。

その一方で、10年後の華々しい絵姿まで描かれても、絵に描いた餅に感じてしまうかもしれません。計画の作り手の主張や理由、背景は別途確認するとしても、買い手企業は買い手企業独自の目線・市場動向分析などで成長性を判断し、より適切な計画期間と計画期間における成長性と収益性を推察した方がよいでしょう。

また、主要な大型の設備投資サイクルが5年以上などの長期にわたる製造業者を評価対象とする場面で、2〜3年の事業計画を用いてしまうと、統合後にやってくる設備更新の投資額を評価に反映できないかもしれません。

売上や利益の背景を見る

事業計画の売上や利益等の成長や今後の見通しについては、背景を確認しましょう。売上を例に取ると、まずは数量と単価という要素にシンプルに分解し、①市場の成長性や獲得・拡大できそうな②市場シェアの予想、③単価の推移見込みなど、簡単に考えても3つの要素に分解できます。この3つの要素をそれぞれ確認できれば、売上計画の適切性が判断できますし、状況に応じて細分化してもよいでしょう。

過去の実績を見ることは重要なので、「過去数年5％で伸びている実績があるから今後も5％で計画しています」という売り手の説明を頭ごなしに否定まではしませんが、論拠となるデータ、調査機関などが公表している市場の予測・見通しなどの"背景"がある事業計画の方が、信頼度が高まります。このようなバックデータについては、計画の策定者・売り手に確認してもよいと思います。

また、近年は、先行きが不透明で将来の予測が困難な状態を指すVUCA時代が到来しているといわれています。想定外の事象が起きる可能性を否定せず、売り手が保守的に計画を策定したのであれば、その旨を買い手企業に

も理解を得られるように説明する必要があるでしょう。買い手企業は、売り手の主張するように保守的に策定されているのか否かを確認することになるでしょう。

〈 不確実な時代にリスクを多めに取っておく 〉

　リーマンショックや COVID-19、紛争や天災などの予測は不可能だが、こうした想定外の事象が人類の経済活動、生活に大きな影響を与えることは間違いない。V（Volatility：変動性）、U（Uncertainty：不確実性）、C（Complexity：複雑性）、A（Ambiguity：曖昧性）の頭文字を取って VUCA 時代と呼ばれる現代では、不測の事態をある程度想定しておくリスクマネジメントが求められている。

5 企業価値評価の種類と概要①
3つの評価アプローチ

　企業価値評価の評価手法は、①インカム・アプローチ、②マーケット・アプローチ、③コスト・アプローチの3つに分類されます。

評価手法のアプローチの違い

　アプローチの違いは、価値の測り方の違いを意味しています。概要説明は以下の①〜③ですが、評価手法から決めるのではなく、どのアプローチが有効か？　適切か？　採用可能か？　という観点から、評価人は選定を開始します。物事を一方向から見るのではなく、複数の異なる角度から見るということと、概念的には同じです。

　第1章でも触れましたが、私たちは物を買う際に、機能性や類似商品の価格との比較などさまざまな要因を材料に、その商品の割高感や割安感などの価値を判断しています。

①インカム・アプローチ

　商品の機能性などから「その商品を購入したらこんな風に使える」「こんなメリットがある」と、私たちが将来得られるであろう価値を考えて商品を購入するのに似たメカニズムを持つアプローチです。企業価値に言い換えるなら、将来得られるであろうキャッシュフローや損益に基づいて、株式価値を構成する主要な価値である事業価値を評価するアプローチです。

②マーケット・アプローチ

　類似商品との比較で商品価格の高低を判断するときの私たちの相場感覚、思考に似ています。株式市場で付されている株価そのものや類似上場企業との比較、過去の類似案件などに基づいて事業価値や株式価値を評価するアプ

ローチです。

③コスト・アプローチ

　商品の原価から価格の妥当性を推し量る消費者心理に似ています。商品の製造に要した費用を合計し、さらに利益を乗せると価格が決定するので、想像しやすいと思います。企業の最新の決算書などに記載のある純資産や純資産に時価評価額などで修正を施した修正純資産をもって、株式価値を算定するアプローチです。

6

企業価値評価の種類と概要② 評価手法の区分

　企業価値評価のアプローチは3つに分類されますが（インカム・アプローチ、マーケット・アプローチ、コスト・アプローチ）、それぞれのアプローチごとに評価手法があります。これらを組み合わせて事業価値を検討することになります。

■図11　価値算定方法の分類

アプローチ	評価手法	特徴
インカム・アプローチ	DCF法	・事業計画から算出される、将来獲得が見込まれるCFを使用する ・将来CFと割引率から算定される現在価値合計を事業価値とする
	収益還元法	・過去の一定期間の平均的な利益・CFを資本還元して事業価値を算出する ・事業計画を有していない対象会社に対して過去平均利益またはCFに基づいて使用される
	調整現在価値法（APV法）	・事業計画から算出される、将来獲得が見込まれるCFに基づく手法であるが、資本構成の将来的な変動が見込まれる際に使用される ・無借金下での資本コストを割引率として算出したCFの現在価値合計に、負債利子の節税効果の現在価値合計を加算することで事業価値を算出する
	配当還元法（配当割引モデル）	・将来受領すると見込まれる配当を使用する ・必要な規制資本等を勘案することが可能であり、主に金融業等に適用される ・株主に帰属するCF(ECF)と株主資本コストに基づいて株式価値を算出する
マーケット・アプローチ	市場株価法	・株式市場に上場している企業のみ、採用可能となる ・評価基準日および一定期間の平均株価をもって株式価値を算出する
	類似会社比較法	・対象会社に類似する上場会社が存在する際に、採用可能となる ・上場類似会社の株価および決算情報から対象会社と比較勘案し、価値を算出する
	取引事例（比較）法	・近年の（類似）取引事例が存在する際に、採用可能となる ・（類似）取引事例の取引価格から価値を算出する
コスト・アプローチ	簿価純資産法	・対象会社の直近期の簿価純資産を株式価値とみなす ・対象会社が有する超過収益力等が反映されないため、採用は限定的となる

評価手法の種類

　インカム・アプローチには、**DCF法**をはじめ、**収益還元法**、**調整現在価値法（APV法）**、**配当還元法（配当割引モデル・DDM法）**などの評価手法が存在します。

　マーケット・アプローチには、評価基準日および一定期間の平均株価をもって株式価値を算出する**市場株価法**、評価対象会社と事業内容などが類似する上場会社の株価および決算情報から対象会社と比較勘案し、価値を算出する**類似会社比較法**（→ 102ページ）、類似した取引事例の取引価格から価値を算出する**取引事例比較法**などがあります。

　コスト・アプローチには対象会社の直近期の簿価純資産を株式価値とみなす**簿価純資産法**などの手法があります。

　ここに挙げたのは実務で登場する可能性が比較的高い、代表的な手法ですが、これらの評価手法のすべてを把握し、実際の算定方法を実務レベルまで理解するのはなかなか大変です。企業価値評価の専門家は案件ごとに選定するので話は別ですが、評価レポートの利用者であれば、すべての評価手法を網羅的に理解するより、「今回依頼した企業価値評価に"なぜ"この手法が採用されたのか？」という観点でそれぞれのアプローチ、評価手法を理解するだけでも十分だと思います。

〈 インカム・アプローチとは？ 〉

　インカム・アプローチには、DCF法以外にも複数の手法が定義される。文字通り「**インカム（収入）」に着目した評価手法**だが、何をインカムと見るか？　によって複数の手法がある。

　DCF法は営業利益などからFCFを計算するが、金融業のように営業利益が本業の利益を表していない業種では、当期純利益を基礎にエクイティキャッシュフロー（ECF）を計算する**エクイティDCF**を用いる。また、配当をキャッシュフローとみなす配当還元法（DDM法）という手法もあり、事業内容や特徴に応じて適切な手法を評価人は選定する。企業価値評価といえばDCF法と思われがちだが、一般的なDCF法で世の中すべての企業が評価ができるほど万能兵器ではではない。一般的なDCF法を明示的に区別する際には**エンタープライズDCF法**と呼ぶ。

7 選定された評価手法の確認

　評価人は企業の特徴や事業内容によって評価手法を選びますが、複数の評価手法を選定しているか否かにも着目してください。

複数の評価手法を組み合わせて問題点を補う

　採用頻度の高い DCF 法にしても、事業計画の恣意性や割引率の推計方法のアバウトさが古くから問題点として指摘されています。類似する上場企業との比較で価値を算定する類似会社比較法にも、非上場の中小企業を評価する際には類似性が不十分であったり、あまりにも企業規模が異なるので不向きではないか？　といった意見を耳にすることもあります。

　単独で完璧な評価手法が存在しない以上、複数のアプローチや評価手法を用いて総合的に企業価値を検討するより他ないと思います。

　依頼人（クライアント）は、予算の都合で評価手法を指定、または限定したいと考えることもあるでしょう。これは評価人からしてみれば、球体の外周を測るのに直線定規だけで計測してほしいと依頼されるようなものです。価値が明瞭なモノであれば話は別ですが、企業という価値が不明瞭なモノに値付けしようとしているのです。「本来あるべき価値」を測り間違えないためにも、複数の評価手法を用いるべきと考えます。

「何を選んだか？」より「なぜ選んだか？」に目を向ける

　図 12 は、評価レポートの抜粋で、株式価値を算定する際に採用した評価手法について説明しているページです。複数あるアプローチ、評価手法の中からどれを選び、どのように組み合わせるかは評価人の知識や経験、対象会社と事業内容などを考察した後の専門的判断となる領域です。

評価レポートや提案書などを確認する際は、アプローチ、評価手法の採用理由について質問してみましょう。

■図12　評価レポートに記載された価値算定手法選択理由の説明例

アプローチ	評価手法	採用／不採用理由
インカム・アプローチ	（採用）DCF法	・対象会社から中長期の事業計画の提供を受けており、事業計画に基づくFCFの算出が可能である。 ・将来CFというリターンと割引率を通して反映できるリスクの双方を考慮できるDCF法の採用が適切と判断した。
マーケット・アプローチ	（採用）類似会社比較法	・対象会社は非上場企業であるため、市場株価法の採用は不可能である。 ・対象会社に事業内容が類似する上場企業の選定は可能であると判断した。 ・取引事例比較法については、本件に類似する近年の取引事例が存在しないことから採用できないものと判断した。
コスト・アプローチ	（不採用）簿価純資産法	・会計上の簿価純資産に基づく評価は客観性が優れているものの、過去の利益の蓄積であり、対象会社が有する将来的な超過収益力を反映することができない。

8 ストックとフローという評価の違い

　企業価値評価では、「ストックとフロー」の評価を併用することになります。企業価値評価におけるストックは、一定時点での価値を示し、フローは一定期間での現金などの受払額を指します。企業価値評価でいうストック概念は、現時点での売却で得られるキャッシュまたは購入の際に支払いを要する静的なキャッシュを意味します。フロー概念は、一定の期間におけるキャッシュの出入に着目した動的なキャッシュイン・キャッシュアウトフローを意味します。

　例えば、A社の今日の市場株価が10万円だったとします。この株は、今すぐ買えば10万円で手に入ります。これがストックでの評価の考え方です。一方でフローとは、A社の株を保有することで、年間1万円の配当金の受領に着目する考え方です。ちなみに、年間1万円の配当金の受領について、10％の割引率をもってフロー評価すると、1万円÷10％＝10万円となります。

　ストックとフローについて、もう少し説明を加えておきましょう。

　ストックから見た価値は、現時点で売った際の現金の受領額（購入した際には現金の支払額）であるのに対し、フローから見た価値は、評価対象資産から継続的に受領できる現金（キャッシュフロー）に基づきます。

　ストックとフロー、いずれの概念で評価を行うべきかについては、評価対象物や資産の性質や保有の目的などによります。例えば、即時換金が可能かつ処分可能な資産はストックによる評価が適しているでしょう。なぜなら、すぐに売れるからです。

　企業が保有している処分可能な株式・有価証券、遊休不動産などの事業の用に供していないような資産はストック評価することが通例です。

　フローによる評価は、保有し続けた方が経済的なメリットがあり、即時換金が不可能（価格がよくわからないことも含めて）な資産の評価に適しています。

フローで評価される資産は、主要な製品を製造するための工場や機械設備などです。なぜなら、即時の換金が可能な随時処分可能な資産ではなく、持ち続けることに価値がある（＝利益を生んでくれる）資産だからです。

　そこで、工場や機械設備が生み出す継続的な収益・キャッシュというフロー概念で、その価値を評価することになります。これらの工場や機械設備を、今すべて売ってしまった方がよい状況ではないから持ち続けている、すなわち持ち続ける方が経済的なメリットが高いからです。主要な資産（工場や機械設備）から生み出されるキャッシュフローなので、価値概念上は、事業価値に含まれる事業用資産といえます。

ダブルカウント、抜け漏れに注意

　評価について気をつけたいのが、**ダブルカウント**と**考慮漏れ**です。企業は、保有する有形資産や無形資産（人など）を組み合わせて事業活動を行い、収益を得ています。事業活動に必要な事業用資産はフロー評価を通じて事業価値に反映されますが、保有している即時処分可能な上場している他社の株式などから生じる配当金は事業価値に計算上も含まれてきません。上場している他社の株式は、売却見込額というストック評価を通じて非事業用資産（→第3章6項）として事業価値に加算され、企業価値を構成します。

　評価レポートを受領した際には、ストックとフローで重なってダブルカウントされている資産がないか、逆に、市場で売買されていて価値があるはずの有価証券などが、企業価値から抜け漏れしていないかなどを確認してみてください。例えば、有価証券が非事業用資産として加算されているにもかかわらず、配当金も CF に含まれていると二重計上になります。

　製造業が有している工場用の土地は事業用資産として事業価値に含まれますが、現在全く使用されていない遊休不動産があり、しかもその土地が広大で地価も高い場合には、非事業用資産としてかなり大きな価値の加算漏れが発生していることになります。

　ダブルカウントや抜け漏れについては、財務 DD レポート（報告書）と突合することで相当程度防ぐことができます。

　評価手法は、既に紹介したものだけでなく、たくさんの種類があります。図11（→56 ページ）には記載しませんでしたが、中小の非上場企業の M&A の際に使用されることがある評価手法に、年倍法（または年買法）があります。

　年倍法とは、純資産に数年分（3〜5 年程度）の営業利益を加算して株式価値を算出する手法で、以下のような計算式で表されます。

【年倍法によって企業価値を求める場合の計算式】
株式価値 ＝（時価）純資産＋営業利益数年分（営業利益×年数）

　ごく簡易な算式なので、上場企業など大手企業が価格検討をする際に採用することはまずありませんが、
- 計算が単純で簡単
- 理解しやすい
- 利益の数年分をのれん代としてみなすことで、のれんを考慮に入れた合意形成を図りやすい

などの理由から、M&A の初期的な価格検討の際や、概算額を計算する際などには現在も使われているようです。ただし、計算構造からして、理論的根拠に乏しく、評価手法としては説得力に欠けます。

　そもそも純資産で価格が決まるような案件は少なく、営業利益は重要な指標ですが、3 年分が適当なのか？　5 年分がいいのか？　営業利益の何年分にすべきなのかの理由付けができず、この手法を用いて価格を検討しても、買い手企業が対外的にその価値を説明するのは困難といえます。仮に採用するのであれば、非上場の中小〜中堅企業が当事者となった際に、自社で株式価値を試算する際に用いる程度と推察されます。ただ、ごく一般的な買い手は別途理論的評価手法に基づいて、企業価値を検討するでしょう。

　年倍法は「わかりやすさ」から、目にする機会もあるかもしれませんが、少なくとも評価レポートで、目にする機会のない評価手法です。したがって、活用の場面はかなり限定的となると思います。

実務に欠かせない
DCF 法

評価レポートで最も目にする機会の多いであろう
DCF 法は、評価対象会社の将来性やリスクを踏まえ
たうえで企業価値を算定できることが最大の特徴で
す。M&A の際の企業価値評価の場面だけでなく、投
資判断やその他の価値測定の場面、最近の会計基
準や会計実務にも同様の考え方が取り入れられてい
ます。

また、買収後の業績管理や価値分析手法として知っ
ておくことは有用でしょう。この章では、DCF 法を中
心に、評価手法と企業価値評価の関係性を見ていき
ます。

1 評価手法の代表格 DCF 法概論

　企業価値評価手法の代表格である DCF 法は、比較的シンプルな論理で構成されており、将来のリスク・リターンを考慮して事業価値、ひいては企業価値・株式価値の算出ができます。M&A においては、対象会社のビジネスや対象会社を取り巻く市場環境を理解することにも役立ちます。

DCF 法とは？

　DCF 法を簡単に説明すると、企業が将来得られるであろうフリーキャッシュフロー（FCF）を"割引率"という係数を用いて現在価値に換算することで、リスクを考慮したリターンをもって価値を求める手法です。
　DCF 法の理論的背景は別の専門書に譲るとして、簡単な計算構造として図 13 を掲載しておきます。

■図 13　DCF 法に基づく事業価値の計算概要

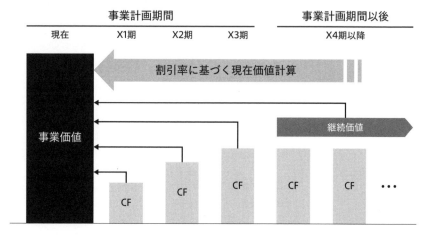

DCF法のどの教科書にも、概ね同様の図表が掲載されていると思います。また、評価レポートにも同じような記載・説明がありますので、詳しい説明は割愛します。

DCF 法の問題点

　企業価値評価に際しては、複数の手法を組み合わせることを推奨しているように、DCF法も完璧な評価手法ではありません。事業計画という非常に見積りの性格の強い情報を使用して、価値を算定する点が問題になることがあります。

　DCF法では、見積りの性格の強い事業計画を、これまた見積り情報から推計される割引率を用いて価値を算出します。大きくは事業計画、割引率の2つしかパラメータがないので、この2つについては、十分に検討を重ね、適切なものを選定、使用しないと誤った価値が算出されることになります。

　評価レポート利用者の立場では、特に事業計画の内容については、構成要素ごと適宜分解するなどして検討した方がよい点は説明した通りです。買い手目線では保守的な事業計画が好まれますが、買収後、経営統合後の事業計画も兼ねることも考えると、適度な積極性または業界標準程度の成長性は必要だと思います。交渉局面と買収後の運用局面、両方の視点から整合性のある妥当な事業計画になっているかどうかを検討しましょう。

2 DCF 法を理解するための FCF ① FCF の構成要素

企業価値評価に重要な項目については、後に説明の詳細が出てくるものもありますが、ここでは FCF の概念や構成要素を確認しておきましょう。

FCF（フリーキャッシュフロー）とは？

DCF 法は、M&A や企業価値評価の専門書などで詳細に解説されていると思いますが、企業価値評価の理解を深めるためには、FCF の算出方法を理解するのが第一歩になると思います。

FCF は、「会社が自由に使えるお金」のことで、営業収益・営業費用を発射台として計算していきます。FCF は、株主および債権者に帰属する CF といわれており、事業価値の算出に使用します。

DCF 法に使用される FCF は、将来の FCF の見込み額であり、対象会社の事業計画から算出します。図 14 は FCF の算出方法の構成項目を説明したものです。以下に各項目の補足をします。

● 営業利益

事業計画のうちの損益計画から、評価対象会社の本業の収益力を示す「営業利益」の見込額を用います。営業外損益に含まれている本業に関連する経常的な損益を加減算してもよいでしょう。ただし、金融損益や非事業用資産に区分された資産や負債から生じる損益が含まれていないことを確認しましょう。

● 運転資本増減額

運転資本計画、貸借対照表計画または過年度の運転資本の分析から、将来の運転資本増減額を推計し、営業利益に加減算します。

● 減価償却費

損益計画の費用項目に含まれる減価償却費の見込額を非資金支出費用項目につき加算します。

● 設備投資額

設備投資の見込額を減算します。損益計画には表れてこないものの、キャッシュを拠出することになるため、FCF の減少として考慮します。

● その他の償却額

のれん等の償却が見込まれる場合には、非資金支出費用項目につき加算します。

■図14　FCF 算出の概念

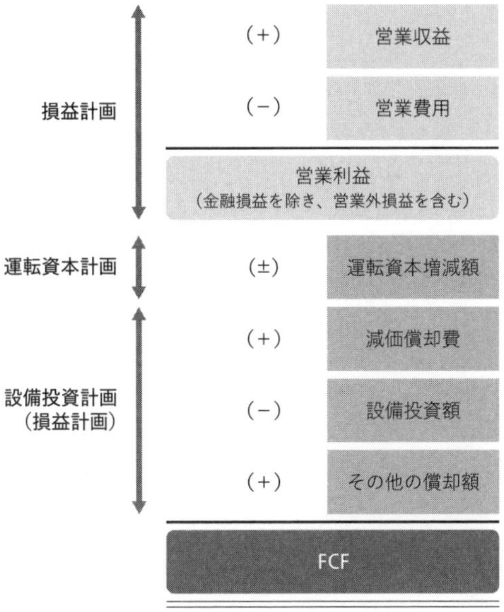

第3章　実務に欠かせない DCF 法　　67

3 DCF 法を理解するための FCF ②
FCF に関連する用語

　FCF の計算過程では、いくつかの専門用語や略語が使用されることがあります。評価人が評価レポートないしは会話の中でよく使う用語のため、この段階で概要は理解しておきましょう。

● NOPAT（Net Operating Profit After Taxes）

　税引後営業利益のことです。利息を控除する前である営業利益に税金の影響を考慮した、債権者と株主に帰属する利益で、FCF 算出の起点になります。似たような略語に NOPLAT（Net Operating Profit Less Adjusted Taxes）がありますが、概ね同義と捉えても問題ないと思います。

● EBIT（Earnings Before Interest and Taxes）

　営業利益に金融損益を除く営業外損益を考慮することもありますが、概ね営業利益と同義で用いられます。

　経常利益から金融損益を除いて算出されることもあります。EBIT は、DCF 法では事業価値算出の際の重要な要素であり、本業の損益を表しています。

● EBITDA（Earnings Before Interest, Taxes, Depreciation and Amortization）

　支払利息・税金・償却費控除前の営業利益であり、EBITDA は前述の EBIT に償却費を加算したものです。工場や生産設備などへの設備投資を要する企業間では、減価償却費に関して採用している会計方針が異なることがあります。減価償却費の影響を排除することで競合他社との比較なども可能になります。

　のれん償却額についても、足し戻す点は減価償却費と同様の扱いです。のれんも、日本基準では償却期間が企業ごとに異なる傾向があります。また、

EBITDA は、EBIT に比べて CF に近い指標であることから重宝されているという側面もあります。

なお、類似会社比較法では、EBITDA を用いることが多いということは、ここで覚えておいてもよいでしょう。

DCF 法の計算過程における法人税相当額、繰越欠損金

DCF 法の計算過程では、税金の支払も考慮しなければいけません。税金は、FCF のその他の構成要素と同様に、通常の企業活動で生じる費用です。

法人税に代表される企業が支払う税金は、EBIT に実効税率を掛けて NOPAT を算出する過程で考慮します。実務一般的には、EBIT に実効税率を乗じた額を法人税等相当額とみなすことが多いです。

ただし、評価基準日以前に欠損計上をしているなど繰越欠損金が残っている会社や、事業計画期間の途中で一時的に欠損を見込むようなケースでは繰越欠損金の影響を検討する必要があります。繰越欠損金はいわゆる節税効果があるので、税金の削減効果が法人税等の計算に考慮されているか否かについて、評価レポートを確認してください。

また、会計と税務では、「費用」や「収益」の概念が異なります。会計上の利益と税務上の所得に多額の乖離があるような案件では、その差分の調整をしていることもあるので、調整の有無とその必要性・理由を確認してみましょう。

4

FCF に係る留意点①
FCF のプラスとマイナス

　FCF は事業価値算定を行う際の、各年度の資金（キャッシュフロー）の過不足を表しているので、プラスになるにつれ評価額も上がることになるのですが、事業計画初年度や 2 年目に FCF がマイナス値で算出されるような事例もあります。評価レポートを受領した際は、株式価値や事業価値のみならず FCF の額、プラス・マイナスも含めて、計画期間内の比較推移、マイナスの FCF の事業計画年度については、その発生原因なども確認した方がよいでしょう。

FCF に潜むリスクが見落とされるケース

　事業計画の初年度や 2 年目にマイナス値で算出されていた FCF が、3 年目以降はプラスに転じた、または事業計画期間の最終年度でようやく FCF がプラス値になるようなケースもあります。

　事業価値や株式価値が満足できる水準で評価されているケースでは、事業計画期間中の FCF のマイナスが見落とされがちです。

　このような企業の実際の資金状況をリアルに想像してみると、FCF がマイナスになる将来年度がある時点で、その年度で相応の資金手当てが必要になる可能性が示唆されていることになります。

　最終的に算出された株式価値や事業価値に気を取られて、計画年度の FCF にマイナスが生じていることを見落としていたらどうなるでしょう？

　経営統合後の将来の特定年度でマイナス FCF（資金の不足額）を、今時点の余剰現預金などで補填可能であれば乗り切ることができるかもしれませんが、それでも不足する場合には、買い手企業からの資金供与、ないしは金融機関からの資金調達が必要になります。

　また、運転資金の影響でマイナス FCF が計算されているのか？　多額の設

■図15　単年度で見ると FCF がマイナスに

(単位：百万円)

			事業計画					継続価値
			X1年度	X2年度	X3年度	X4年度	X5年度	
売上高			18,000	19,000	20,000	21,000	22,000	22,220
売上原価			(9,300)	(9,400)	(9,500)	(9,700)	(10,000)	(10,100)
売上総利益			8,700	9,600	10,500	11,300	12,000	12,120
販管費			(8,000)	(9,000)	(9,800)	(10,500)	(11,000)	(11,110)
営業利益（≒ EBIT）			700	600	700	800	1,000	1,010
法人税等相当額	実効税率	30.6%	(214)	(184)	(214)	(245)	(306)	(309)
NOPAT			486	416	486	555	694	701
減価償却費			400	500	600	700	800	808
設備投資額			(300)	(400)	(1,000)	(600)	(700)	(808)
運転資本増減額			(500)	(500)	(500)	(500)	(500)	(110)
FCF			86	16	(414)	155	294	591
継続価値	永久成長率	1.0%						8,442
割引期間（期央主義）			0.50	1.50	2.50	3.50	4.50	4.50
現価係数	割引率	8.0%	0.96	0.89	0.82	0.76	0.71	0.71
FCF の現在価値			83	15	(342)	119	208	5,971

事業価値	6,053
非事業用現預金	1,000
投資有価証券	500
企業価値	7,553
有利子負債	(2,000)
株式価値（100%）	5,553

備投資が原因であるのか？　を確認することで、買収後の対応策を事前に講じられると思います。運転資金が原因であるケースでは、統合後に売上債権や棚卸資産、仕入債務などの主要な運転資本の条件を見直すだけで、バリューアップが図れるかもしれません。

　単年度のFCFをチェックしたうえで、例えば設備投資など、収益力アップのための投資が発生し、一時的にマイナスになることを理解・納得し、現実問題として吸収できるのであれば問題ありませんが、株式価値や事業価値が想定額通りであることに安心して、FCFがマイナスになる事象・年度を見落とさないように気をつけてください。企業価値評価では珍しくありませんが、看過されやすいポイントだと思います。

　評価レポートは、株式の取得を目的とするならば、最終的な結論は株式価値の算定結果です。そして、株式価値の算出経緯として事業価値・企業価値が記載されます。価値算出の過程・経緯を見ていくと、将来のCF情報など経営統合後の運営に役立つ情報もたくさん掲載されています。評価レポートの利用者がこうした情報にも目を向けることで、今後の経営判断に有効活用できる参考資料にもなりうるのです。

5 FCF に係る留意点②
運転資本・減価償却費と設備投資

運転資本の留意点

　企業や業種によっては、営業利益以上にFCFに与えるインパクトが大きいこともあるのが「運転資本」です。会計上の売上高や利益のみを追求し、CFを意識していない企業の「黒字倒産」の反省に立って、「CF経営」が注目されてからだいぶ時間も経過しています。以前に比べればCF、FCFへの意識は高まっていますが、運転資本の過不足がFCFに大きな影響を与えるケースもあり、評価レポートでも注目しておきたい点です。

　運転資本の主要な構成要素は、**売上債権、棚卸資産、仕入債務**ですが、一般的には図16の運転資本増減額のようなイメージで計算されます。

■図16　運転資本増減額

（単位：百万円）

	直近期	X1年度	X2年度	X3年度	X4年度	X5年度	継続価値
売上債権	1,000	1,059	1,118	1,176	1,235	1,294	1,307
棚卸資産	5,000	5,294	5,588	5,882	6,176	6,471	6,535
その他流動資産	550	582	615	647	679	712	719
運転資産計	6,550	6,935	7,321	7,706	8,091	8,476	8,561
仕入債務	(2,000)	(2,118)	(2,235)	(2,353)	(2,471)	(2,588)	(2,614)
その他流動負債	(300)	(318)	(335)	(353)	(371)	(388)	(392)
運転負債計	(2,300)	(2,435)	(2,571)	(2,706)	(2,841)	(2,976)	(3,006)
運転資本	4,250	4,500	4,750	5,000	5,250	5,500	5,555
運転資本増減額	4,250	250	250	250	250	250	55
売上高	17,000	18,000	19,000	20,000	21,000	22,000	22,220
運転資本 / 月商	3.0	3.0	3.0	3.0	3.0	3.0	3.0

運転資本の増減予想は、売上高・売上原価などの増減や売上債権の回転期間・サイトの変化、必要な手元在庫・棚卸資産の保有量の変化などに影響を受けます。ただ、将来の運転資本や将来の増減額の精緻な予想は不可能なので、"見積り"値にならざるをえないものの、売り手企業からBS計画または運転資本計画が入手できた際には、その内容をよく検証してください。これらの計画が入手できない、または入手できたが買い手にて改めて推計することもよくあります。

　事業計画期間における将来の運転資本の推計は、直近期の運転資本残高を基礎に、将来の売上・売上原価・販管費と回転期間などから推計することが多いものの、本来は、売上等の増減以外に将来の回転期間の変動は予想されないのか？　将来的に在庫を積み増す必要性はないのか？　または、過去の回転期間や直近の在庫などに異常値はないのか？　なども考慮すべきです。

　運転資本は「勘定合って銭足らず」と表現されるように、帳簿上、理論上の計算は合うのに現金が足りないというイメージで語られがちですが、例えば、予約販売や注文販売のように、前受金を受領できるようなビジネスでは、売上の増加局面では代金を先行受領できるので、潤沢になっていきます。すなわち、ビジネスや運転資金の状況によって、運転資本はFCFにプラスに働いたり、マイナスに働いたりすることもあります。運転資本の変化も、ビジネスによって異なるということは覚えておいてもよいでしょう。

減価償却費と設備投資額の留意点

　製造業などの工場や機械設備を必要とする業種にとって「減価償却費」と「設備投資額」は、重要なCF項目です。資産を取得した際、取得に要した資金を各年度に費用として配分した減価償却費は、費用項目ではあるものの、費用計上した期にはお金を払い出さない費用です。また、設備投資額は費用項目ではないので、損益計算書には反映されません。

　減価償却費と設備投資額、特に設備投資額は、FCFに大きな影響を与える可能性があります。設備投資額は、その後の売上を維持ないしは増加させる意図で実施されますが、この設備投資で、実際に売上は増加できるのか？

（増産した製品の販売先や市場の見通しはあるのか？）　設備の実際の耐用年数や更新頻度などが考慮されているか？（FCFを最大化のために必要な投資が見送られてはいないか？）　投資予定年度のFCFは不足しないか？（FCFのマイナスが見込まれる際に不足資金の手当ては可能か？）　などの観点から設備投資の適切性やその効果を検証した方がよいと思います。

　また、事業計画の妥当性の観点から、事業計画期間中に予定されている減価償却費と設備投資額を用いて、将来の固定資産残高を計算して異常性を確認することも有用です。

　図17は、直近期の有形固定資産残高の700百万円から検証した事例です。事業計画期間の設備投資額と減価償却費を加減算していくと、X3年度以降の有形固定資産残高はマイナスという現実的にはありえない状態が見えてきます。減価償却費は、投資額や償却期間から計算が可能ですので、設備投資額が過小である可能性があります。

　いずれにしても異常値なので、設備投資額・減価償却費の是非について確認する必要のある事例です。

■図17　有形固定資産残高の検証

（単位：百万円）

	直近期	事業計画				
		X1年度	X2年度	X3年度	X4年度	X5年度
設備投資額		160	180	200	220	240
減価償却費		(400)	(500)	(600)	(700)	(800)
有形固定資産残高	700	460	140	(260)	(740)	(1,300)

　企業価値を高めるべく将来の設備投資をできる限り抑制し、企業から出ていくお金（キャッシュアウトフロー）を抑えていると感じられる事業計画を見ることもあります。事業の維持や拡大のために必要な設備投資まで抑制されていないか？　という観点もありますが、直近の決算書の固定資産残高に計画期間の減価償却費と設備投資額を加減算した結果、事業計画期間の固定資産残高がマイナスになってしまうような計画はさすがに避けてほしいものです。

6 非事業用資産、必要運転資金・余剰現預金

非事業用資産のチェック

非事業用資産は、文字通り事業の用に供しない資産のことです。代表的なものに**余剰現預金、有価証券、遊休資産（土地・建物）など**があります。

事業価値の算出に使用するFCFには非事業用資産から生じるCFを含みませんが、企業価値を算定する際には、これら非事業用資産の価値も考慮します。

第1章でも述べましたが、本業では使用していない土地や不動産を所有しているような企業も実際に存在し、その土地に相応の価値があるにもかかわらず、見落としや抜け漏れをしてしまうと、企業価値がその分低く評価されます。

■図18　企業価値に占める非事業用資産の位置付け

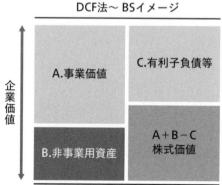

DCF法～ BSイメージ

企業価値

A.事業価値

C.有利子負債等

B.非事業用資産

A＋B－C
株式価値

非事業用資産の見落としを防ぐためには、財務 DD レポートを参照し、時価や処分可能性を確認するとよいでしょう。財務 DD が実施されない場合には、売り手企業に対して質問等を実施して非事業用資産を特定するなどの確認が必要です。

必要運転資金と非事業用資産である余剰現預金

　運転資本と少し関連しますが、事業運営上必要な現預金は、企業にとってはいわば日常の"生活費"のようなものです。

　日本では特に「キャッシュリッチ」の名のもとに、稼いだキャッシュを設備投資などに回さずに、内部留保としてため込む企業も存在します。

　無借金経営を否定するつもりはありませんが、多額の現預金を保有することによって資本効率が低下したり、成長機会を逸失しているという議論もあります。手元現預金を含む資産構成（含む資本構成）や現預金の有効活用は株式市場からの要請もあり、特に上場企業では検討を進めている企業も増えていることでしょう。

　企業価値評価では、通常の事業活動で必要となる必要運転資金を超える余剰現預金は、事業価値に加算します。必要運転資金を推計し、現預金の合計額から差し引くことで余剰現預金を算出します。必要運転資金は、月商の 1 カ月分程度を見ておけば足りる企業も多いと思いますが、財務 DD の運転資金分析なども参考にしつつ、適切な水準感を確認してください。

7 有利子負債、その他の減額要因

　ここまで、FCF算出の過程に沿って留意点を見てきましたが、FCFの減額要因は、DCF法でも価値の減額要因です。財務DDや法務DDでは、減額要因が指摘されますが、なかには、一般的な項目にもかかわらず見落としがちなものがあることにも留意しましょう。

有利子負債のチェック

　有利子負債は、銀行借入や社債、リース債務など、利子の支払を伴う負債のことです。

　企業価値評価では、厳密には有利子負債ではない類似項目も有利子負債に含めて企業価値の減算項目として扱うことがあります。短期・長期の借入金や社債、リース債務などは明らかに有利子負債ですが、退職給付に係る債務や未払法人税や運転資本として扱われなかった負債項目などは、有利子負債ではなく**有利子負債類似物**（デットライクアイテム）として扱われることがあります。

　有利子負債類似物は、近日中に対象会社が保有する現預金から確実に支払われるとみなし、企業価値を毀損（きそん）する項目として扱います。非上場企業の場合には、資産除去債務や退職給付に係る債務が貸借対照表の負債に計上されていないことがあります。財務DDで見逃される可能性は低いですが、有利子負債類似物に抜け漏れがあり、しかも多額の場合は、その分高く評価されていることになります。評価レポートと合わせて貸借対照表の負債項目、財務DDレポートの指摘事項の反映状況などをチェックしましょう。

その他の減額要因

FCF の構成要素のうち、既に紹介した要因の他に想定される減額要因は以下の通りです。主に、財務 DD、法務 DD などを通じて指摘される代表的な項目になります。

M&A の検討過程では、売り手企業の業態やヒアリングなどの内容を踏まえ、企業価値を毀損する項目、いわゆる有利子負債類似物を価値へ反映するのは評価人の作業です。ただし、すべての有利子負債類似物が企業価値を毀損するわけではなく、財務 DD と企業価値評価で考え方が多少異なることがあります。

● 役員退職慰労金

非上場会社に多い事例ですが、貸借対照表には計上されておらず、企業として認識上も希薄であったとしても、社内に役員退職慰労金規程が存在する場合は注意が必要です。過去に退職した役員の支払実績や今後支払う予定があるかどうかを、対象会社に対して確認した方がよいでしょう。

また、オーナー企業の事業承継案件では、会社の売却時に退職金の支給を別途受けるか、株式の譲渡対価に含めて受領するか、といった選択が論点になることもあります。

● 退職加算金

従業員退職金制度として、中退共退職金と退職加算金という退職一時金制度を併用している場合、退職加算金については会計処理が行われていない（引当計上がなされていない）ケースがあるので注意が必要です。

● 資産除去債務

非上場企業では貸借対照表に計上されていないことがほとんどですが、賃借している物件から退去する際の原状回復費用などを考慮することがあります。上場企業の傘下に入る場合には、会計上、負債計上が必要となります。

• 賞与引当金

財務 DD で指摘されることが多い引当金です。有利子負債類似物に区分されることも多いですが、企業価値評価では運転資本として扱われることも多く、引当金額が減額要因にならない場合もあります。事業計画で賞与支給額が費用として見込まれていることが大前提となりますので、確認が必要です。

• 期限前弁済違約金

買い手側の信用度が高く、借り換えた方が借入利率が下がるなどの理由で、買収成立後に借入金の早期弁済を実施する場合には、早期弁済違約金が生じる可能性があります。借入条件の確認が必要です。

• 未払残業代

対象会社が勤怠管理を厳格に運用しておらず、従業員の勤怠時間が正確に把握できていない場合など、主に法務 DD で指摘される事例の多い項目です。未払残業代には時効があるものの、大きなインパクトが見込まれる可能性がある場合は、定量化する作業が必要になります。

• 損害賠償リスク

企業価値毀損の要因になりうる現在係争中の訴訟、仲裁、調停その他の紛争の有無のことです。

8 割引率を理解する①
WACC の基本

DCF 法の D が discounted（ディスカウンテッド）の頭文字であることからもわかるように、将来見込まれる CF を現在価値に割り戻すために使用される割引率は、DCF 法の扇の要ともいえる存在です。ここから数ページは、この割引率に焦点を当てて話を進めようと思います。

割引率の構造

割引率は、評価対象事業・企業から発生する将来の CF を現在価値計算する際に使用します。DCF 法では、事業および CF のリスクを反映させる必要があるため、リスクの係数として捉えてもらってよいと思います。

一般的な企業価値評価では、割引率として**加重平均資本コスト**（WACC、Weighted Average Cost of Capital）を用います。

加重平均資本コストの構造を図解すると図 19 のようになります。

■**図19　加重平均資本コスト（WACC）の推計**

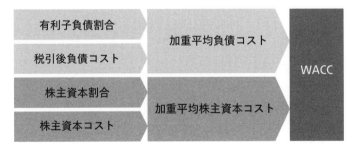

株主資本コストの推計

　投資家による株式投資の期待利回りを表す株主資本コストは、CAPM（Capital Asset Pricing Model、資本資産価格モデル）に基づいて推計します。

■図20　株主資本コストの構成要素

リスクフリーレート：無リスク利子率を使用。実質的にリスクのない投資に対する期待利回り

エクイティリスクプレミアム：株式市場のリスク・リターンから無リスク利子率を超過する率

ベータ：株式市場全体の変動に対する個別銘柄の変動割合を示す数値であり、類似上場会社の株価動向から推計

サイズリスクプレミアム：対象会社の時価総額に応じて、株式市場から推計されるリスク・リターン率

9 割引率を理解する② WACC の構成要素

　割引率は、評価人にとっても悩ましい、難易度の高い項目です。

　一般的には、日本や米国の統計データや国債・株式市場のデータから割引率としての WACC を推計します。本書は専門書ではないので、構成要素の最低限の説明を付しつつ、確認のための参考情報を提供していきたいと思います。

事業のリスクを表すベータ

　株主資本コストの構成要素のひとつである**ベータ**は、**事業のリスクを表す係数**と理解してください。ベータには**未修正ベータ**と**修正ベータ**が存在しますが、企業価値評価の実務では、修正ベータを使う方が多いでしょう。未修正ベータとは株式市場から計算したベータそのものを指し、修正ベータとは、上場企業は自社の株価のボラティリティ（価格変動率）を抑制するように尽力するため、将来的にその効果が出るだろうという前提のもとで一定の補正を入れたベータのことです。

　割引率は、将来見込まれる FCF の割引現在価値計算をするために用いられます。割引率やその構成要素も、現時点で見込まれる将来の情勢を反映した方がよいことになります。そこでベータも、将来はこのようになるだろうとして修正ベータを使用します。ベータは、市場全体の中で特定の銘柄がどのように変動するかを示す指標ですが、WACC の推計では、複数の上場類似会社から計算されたベータを使用します。また、ベータの高低は、事業リスクの高低を意味します。日本では株式市場全体の動向として、東証株価指数 (TOPIX) がありますが、ベータの 1.0 は、TOPIX と同じリスク・リターンを意味します。

　実務におけるベータは、1.0 を挟んでその前後の値が算出されますが、

TOPIXの変動に敏感に反応する証券会社をはじめとする金融機関では、2.0以上のとても高いベータが算出されることもあります。証券市場とあまり連動性がなさそうな生活必需品産業にもかかわらず、異常に高いベータが使用されていたり、または極端に低いベータが使用されている場合は、計算に使用している類似会社や計算方法なども含め、評価人に確認した方がよいでしょう。

類似会社とは？

　DCF法で使用する割引率の推計には、評価対象会社に事業内容などが類似する上場企業の株価と決算資料などの財務データを使いますが、類似会社比較法でも、類似会社から算出された株価倍率を使います。

　ここでいう類似会社とは、評価対象会社と事業内容が類似する上場企業です。企業価値に関連するインタビューの際に、評価対象会社に直接「御社の上場類似会社を教えてください」と質問することもありますが、業界や自社の製商品・サービスをよく知る当事者ですので「似たような会社はない」という回答も多く、なかなか悩ましい領域です。実務的には、評価人の判断に基づいて市場を俯瞰的に観察して選定した方が客観性が保てるといえる側面もあります。

　類似会社の検討を開始する際には、ライバル会社や同業界から探しにいくことを即座に思いつきますが、事業内容の類似性だけで決定するわけではありません。今後当面の成長性や市場株価ベースでの負債・資本構成など、企業価値評価という固有の視点も踏まえた類似性の検討になります。

　また、日本の証券市場でも、近年はIFRS（国際財務報告基準）を採用している企業も増加しつつあり、採用している会計基準を参考にすることもあります。基準によって、有利子負債の捉え方などが異なっていることによります。

　評価レポートでは、いわゆる業界マップで見たときには、多少違和感のある企業が類似会社として選定されているかもしれませんので、類似会社の選定方法や選定理由を確認してもよいでしょう。ただ、評価人ごとに選定企業が異なる可能性も十分にあり、類似会社には絶対的な正解はないといわれて

いることは知っておいた方がよいでしょう。

サイズリスクプレミアム

　サイズリスクプレミアムとは、文字通り、**企業の規模（サイズ）に応じて付加・加算するリスクプレミアム**のことです。感覚的にもご理解いただけると思いますが、上場している大企業と非上場の中小企業では事業計画の達成可能性やリスクは異なりそうですよね？

　ここでいう規模は、本来は証券市場での時価総額を指します。小規模な企業の評価の際に、追加的にサイズリスクプレミアムを加算するという、評価対象会社の規模に応じたリスクを加算する実務が浸透しています。

　サイズリスクプレミアムは、日本の証券市場に基づく統計データと米国証券市場の統計データが有名です。ただ、日本企業の評価の際にも、米国市場ベースのデータを用いることが現在の実務では主流となっています。両データとも規模に応じたテーブルがあるので、評価対象会社の規模、時価総額に応じたテーブルから適用する率を選択します。評価対象会社の時価総額が基準なので、DCF法で評価された価値は時価総額ではないため、一定の調整が必要という点には留意が必要です。

10 割引率を理解する③ 応用編

　標準的な割引率は、前項までの通りですが、海外企業の評価に使用する割引率は少々複雑です。

　特に難度が高いのが、新興国にある企業に採用する割引率です。世界経済の発展が目覚ましい現在では新興国といっても、それぞれの国によって経済的な発展度、成長度がバラバラです。

　日本企業が東南アジアの企業の買収を計画しているときの価値評価に、日本企業の割引率を用いると低いので、さすがに違和感がありますよね？

　東南アジア諸国のように、経済的にはある程度発展しているものの、株式の流動性や証券市場規模が小さい国々では、国債利回りや株価データをそのまま用いることの是非が指摘されています。考え方は複数あると思いますが、近年ではカントリーリスクやインフレ率などから調整される実務が一般化し、定着しているように思います。

カントリーリスクプレミアム

　カントリーリスクとは、個別の企業に起因する事業リスクとは別に、**対象国の政治的、経済的、社会的な環境の変化によるリスク**のことを指します。株主資本コストに考慮するカントリーリスクとして広く使われているダモダランモデルは、インド出身で現在はニューヨーク大学スターンスクールの教授を務めているアスワス・ダモダラン博士によって構築されたものです。

　ダモダランモデルによるカントリーリスクプレミアムは、米国を基準とした対象国との比較で算出されていて、主に新興国の割引率を算定する際に広く使用されています。カントリーリスクプレミアムについては博士のホームページ上で公開されており、定期的にアップデートされています。

企業のステージによるリスク

　日本国内企業の評価といえども、悩ましいのがベンチャー企業の価値評価です。

　革新的な技術の優位性を用いて製品、サービスを開発しているが、比較的業歴の浅いベンチャー企業は、これから急激に成長するステージに位置しています。事業計画も夢に溢れていますし、野心的なプランを持って事業にまい進しています。なかには、現在の売上は0円、1億円の赤字だけど、5年後には売上500億円を目指すという鼻息の荒いベンチャー企業もあります。

　彼らの未来予想図をどう見積もるかはまた別の話ですが、仮に同じ業界に属するとしても、ベンチャー企業と安定的な実績を残している業歴の長い大企業に同じリスク係数（割引率）を適用すべきではないことは容易に理解できるでしょう。

　日本企業の全体的傾向としては、国債利回りの低迷や低いインフレ率の影響もあり、なだらかな成長を見込む企業がほとんどです。これを成熟した安定と捉えることもでき、割引率というリスクが低いこととの相関性ともいえるでしょう。日本の成熟した大企業に比べて実績がなく、リスクの高いベンチャー企業をWACCを用いた割引率で評価すると、明らかに過大評価になります。ベンチャー企業にはベンチャー企業に適した割引率を用いた方がよいでしょう。

　ベンチャー投資ファンドが投資先のベンチャー企業に求めるリターンがひとつの目安になるといわれています。すなわち、急成長の事業計画に、高い割引率という高いリスクを適用するということです。

　成長性や不確実性の高い事業から作られる事業計画と割引率の高低の組み合わせが理解できたのではないでしょうか？　評価レポートをご覧になる際も、ぜひこの関係性に着目してください。

11 割引率を理解する④
その他の留意点

　ここからは、DCF法を用いる際の割引率に関して、実務面で気をつけたいトピックを何点か抽出し、解説していきます。

エクイティリスクプレミアム

　エクイティリスクプレミアムとは、市場全体のリスクから、リスクフリーを控除した**株式市場そのもののリスク**を指します。

　近年の先進国の目安は、5〜7％程度だと思います。この範囲を大きく外れている際には、評価人に出典を質問するなどして考え方を確認した方がよいでしょう。

資本構成

　資本構成は、加重平均資本コスト（WACC）の重要な要素です。

　確認の際には、本質的にそのビジネスの運営に有利子負債が必要か否かなどの具体的な事業運営のイメージを持つことから始めるとよいでしょう。その見立てが実際の資本構成と相違がないかどうか？　また、対象会社の資本構成と計算で使用されている資本構成に大きな差はないか？　などの観点から資本構成割合を確認してみましょう。

　WACCで用いる資本構成は、いわゆる最適資本構成を仮定していることから、買収完了、統合後の企業運営のヒントになると思います。ただし、100％子会社などは親会社の方針などによって本来あるべき資本構成でないことはよくあります。対象会社の資本構成を見る場合には、対象会社の背景も把握しておいた方がよいでしょう。

負債コスト

負債コストは、評価対象会社が有利子負債として資金調達する際の調達利回りのことです。加重平均資本コストの構成要素のひとつですが、株主資本コストより低く、資本構成割合の影響を受けるため、昨今の日本企業に適用する割引率への影響はそれほど大きくありません。

負債コストを確認するうえで注意すべき点は、中長期の有利子負債コストとして適切な利回りが使用されているか？ という点です。評価対象会社が格付けを取得している際には、レーティングに応じた中長期の社債コストを用いる方法などがあります。

対象会社が有利子負債を利用している際には、借入利率の把握は比較的容易です。ただ、最近の金融機関が付す利率は非常に低く、信用リスクが適切に反映されていない可能性があります。また、親会社の保証が付されている借入や、有担保、短期借入の利子率は、加重平均資本コストで使用したい負債コストの概念と異なると思いますので、気になる場合には評価人に確認してみるとよいでしょう。

現在価値計算

割引率でFCFを割り引くということは、将来的に発生が見込まれるFCFの現在価値を計算しています。現在価値計算の際には、割引率を現価係数に換算します。遠い将来のCFは時間価値の影響で小さく換算されるという構造になっていて、遠い将来に利益が急激に進展したとしても大きく割り引かれるので、現在価値は目減りする構造です。

そのため、5年間の利益累計（FCF累計額）が同額だとしても、計画期間の後半にかけて業績が伸びる事業計画と、計画期間の前半から勢いよく利益を計上する事業計画では価値が異なります。

加えて、現在価値計算の特徴を考えると、手前に利益を大きく計上する方が価値は高くなりますが、手前に利益を計上することが、事業計画という書面上だけでなく、事実上可能であるかの実態面はいかがでしょうか？

現在価値計算に関するやや細かい話ですが、**期央主義**（期の中央から現在価値に割り引く）と**期末主義**（期末時点から現在価値に割り引く）という CF の発生のタイミングの考え方があります。期末主義を採用すると期央主義に比べて、半年分のタイムラグの影響分だけ現在価値が下がります。

　FCF が期末に集中するような企業であれば期末主義が適していますが、多くの企業では、期央主義がスタンダードと考えてよいでしょう。

12 DCF法の確認ポイント①

　企業価値評価で使用頻度が高い DCF 法は、さまざまな書籍等で詳細に説明されています。その多くは概念や数式、企業価値評価を自ら実施する実務者向けの専門書籍で、評価レポートの利用者からすると、見るべきポイントの記載はなく、詳細な専門情報が過多だと感じたことはないでしょうか？

　この項では、企業価値評価を評価人に依頼し、評価レポートを受け取った際にチェックすべき注意点や DCF 法の確認ポイントを説明します。

財務 DD との連携

　対象会社の適切な価値を知るためには、**財務 DD などによる過去の業績と足元の実績などの経営成績、財政状態の把握**が必要不可欠です。過去の経営成績は、ある意味事業計画よりも雄弁に企業の実態を明らかにするからです。

　財務 DD レポートを利用することで企業価値評価の精度が高まりますが、プレバリュエーションを行うと、逆に重点的に調査すべき財務 DD のポイントが明らかになることがあります。また、財務 DD で事業計画を分析することもあります。さすがに妥当性までは言及しませんが、計画の是非を検討する際の材料になります。

継続価値

　事業計画は有期間であるため、事業計画期間以後の CF の見立て、継続価値の計算方法や使用するパラメータなども論点になりやすい箇所です。企業価値に占める**継続価値の割合が非常に高い事例も多く**、価値として目立つこともあり、継続価値の計算方法が企業価値評価の論点となることも多くあり

ます。

　継続価値は、永久成長率・割引率・FCFから計算されることが多いですが、買った会社をいずれ売却する方針であったり、そのような仮定・前提が成り立ちそうな場合には、事業計画最終年度に類似会社比較法で継続価値を見積もる、いわゆるEXITマルチプル法を採用することもあります。

　EXITマルチプルは、ベンチャー企業の評価で採用されることもあります。適切な企業価値評価のためには、事業計画期間の売上・利益・継続価値計算に使用するCFのみならず、買い手の買収目的を理解しておく必要があります。半永久的に保有し続ける予定か？　一定期間経過後に、外部へ売却する算段なのか？　という買い手の意図が評価にも反映されるべきでしょう。

成長率

　継続価値の重要な構成要素である**成長率**（**永久成長率**ともいう）は、企業価値を増減させる独立のパラメータなのでとても目立ちます。評価実務的には、リスクフリーレートとインフレ率などが成長率の目安になっているようです。

　日本企業は、昨今の日本経済と同様に低成長の傾向にありますが、0％成長はさすがに保守的な印象です。0％という全く成長しない会社を買うならば、理論上は、0％成長に入る時点で代わりに日本国債に投資した方がよいことになります。

感応度分析

　価値評価レポートで、**感応度表**または**感応度分析**というマトリクス表を見たことのある方も多いのではないでしょうか。見積りの塊である企業価値評価では、割引率も永久成長率も推計値なので、評価人もDCF法で計算したピンポイントの価値に100％の自信を持ちきれません。

　そこで、不確定なパラメータに幅を設けることで、結果的に価値の幅を設けます。評価レポートの利用者は、この幅（価値レンジ）の中から自身で取引価格を決めることになります。

（単位：百万円）

		永久成長率				
		0.0%	0.5%	1.0%	1.5%	2.0%
割引率	7.0%	8,382	8,672	9,010	9,409	9,889
	7.5%	7,733	7,963	8,228	8,536	8,901
	8.0%	7,167	7,350	7,558	7,799	8,080
	8.5%	6,669	6,815	6,980	7,168	7,385
	9.0%	6,228	6,344	6,474	6,622	6,791

　買い手からすれば、レンジの下方で買えたら安く買えた気持ちに、反対にレンジ上方で買ってしまうと高く買ったような気持ちになるでしょう。売り手はその逆で、レンジ幅の中から少しでも高く売りたいと思うことでしょう。

　この理由だけではありませんが、評価レポートや感応度分析そのものを、価格交渉時に相手方に見せることは通常ありません。仮に、交渉の相手方に開示せざるをえない状況が事前に想定されるならば、相手方が受ける印象も考慮して見せ方や説明方法を検討しておく必要があるでしょう。

13 DCF 法の確認ポイント②

　企業価値をディスカウントする代表的なものとして、**非流動性ディスカウ
ント**と**マイノリティ・ディスカウント**があります。

非流動性ディスカウント

　非流動性ディスカウントは、株式を売却しようとしてもなかなか買い手が
見つからず、株式を割安で処分しなければいけない状況を想定したディスカ
ウントです。

　上場株式の証券市場での売買に比べると、非上場企業の株式の買い手を見
つけることはとても大変です。上場企業の株式は、いつでも換金可能な流動
性のある状態ですが、非上場企業の株式は流通市場がないので、売ろうとし
たら相当程度価格を下げるなどして換金せざるをえませんし、そもそも買い
手が見つからないかもしれません。このような処分の困難性を鑑み、流動性
の乏しい株式については、非流動性ディスカウントを適用して、評価を下方
修正する実務があります。

マイノリティディスカウント

　評価手法の選定に影響を与える要因のひとつに、取得する株式の割合があ
ります。

　企業の支配権を獲得できる過半数、または 2/3 以上の株式を売買する取引
を**マジョリティ取引**と呼びます。マジョリティ取引は、対象会社の経営権を
掌握できることから、対象会社の CF も完全に支配できます。CF の支配を反
映できる価値評価手法は、文字通り DCF 法となります。

一方、取得する株式が発行済株式の数％の取引は、**マイノリティ取引**と呼ばれます。株式市場で個人投資家が売買しているのは、上場株式のマイノリティ取引です。

企業が各種資本提携等でマイノリティ取引をすることがありますが、マイノリティの程度の持分では CF を完全にコントロール・支配することはできません。このような状態を反映できる評価手法は、上場企業では市場株価を用いる市場株価法、または市場株価を基に価値評価する類似会社比較法です。

ただし、CF を支配できないマイノリティ取引でも、何かしらの社内的な理由や複数の評価手法の採用による価値の検証が必要なために、評価人へ DCF 法の採用を要請することもあるでしょう。このケースでは、DCF 法に基づいて算出された価値に、マイノリティディスカウントや非流動性ディスカウントなど、各種ディスカウントの考慮の状況は確認してください。マイノリティ取引案件では、マジョリティの価値をマイノリティ価値に変換しておかないと、算出された価値の概念が違ってしまいます。

■図22　マジョリティ取引とマイノリティ取引

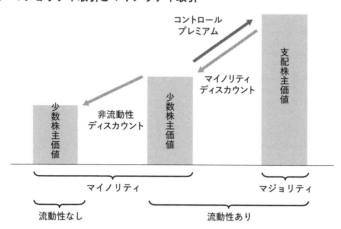

14

DCF 法の派生形

インカム・アプローチに属する DCF 法には、一般的なエンタープライズ DCF 法以外にも、いくつかの派生形があります。登場回数の少ないマイナーな手法ばかりですが、知っておいて損はありません。

APV 法

APV 法（調整現在価値法）は、事業計画から算出される、将来獲得が見込まれる CF に基づく手法で、資本構成の将来的な変動が見込まれる際に使用されます。無借金下での資本コストを割引率として算出した CF の現在価値合計に、負債利子の節税効果現在価値合計を加算することで事業価値を算出します。

APV 法は、ファンドからの買収案件の価値評価などで採用されることがあります。本来あるべき資本構成から対象会社の資本構成が大きく逸脱している企業の評価などに用いられます。

「本来あるべき資本構成から逸脱している」事例としては、以下の 2 つが挙げられます。

①ファンドが多額の有利子負債を持って買収した会社を、ファンドから買収する際の評価
②コンサルティング会社などの無借金経営が本来あるべき資本構成にもかかわらず、M&A の実施などの特別な事情で、一時的に有利子負債が膨れ上がっている際の評価

実際の採用事例はそれほど多くないと思いますが、評価対象会社の資本構成と本来あるべき資本構成が大きく異なっている企業の評価案件では、評価

人は採用を検討します。逆に、①や②に該当している会社を評価する際に採用をしていなかったら、理由を確認してみてもよいでしょう。

DDM 法・エクイティ法

DDM 法（配当割引モデル；Dividend Discount Model）・エクイティ法は、主に金融機関の価値評価に用いられます。

金融機関は一般事業会社とは異なる特徴があります。金融機関のすべてではありませんが、銀行や保険会社などは資本に関する法的な規制があります。また、金融機関にとって有利子負債は、負の側面ばかりではなく、いわば一般企業の仕入に似ているということです。

一般事業会社を評価する際には、企業価値から有利子負債を控除して株式価値を算出するので、有利子負債は企業価値の減額要因になります。

一方で、銀行の預金は有利子負債ですが、預金が銀行の価値を減額する要因にはなりません。有利子負債の意味合いが違います。事業会社の有利子負債は少ない方が、単純にいえば財務的な健全性の高い経営といえますが、信用力の高い銀行にはたくさんの預金（という有利子負債）が集まります。事業会社とは異なる有利子負債事情を持つ金融機関を、DCF 法で評価して有利子負債を企業価値から控除するのは少し変かも？　と、感じていただけたでしょうか。

DDM 法は、配当予定額や配当可能額を割引率で現在価値に換算して株式価値を算定する手法で、FCF ではなく ECF（Equity Cash Flow、株主に帰属する CF）を使用します。割引率は加重平均資本コストではなく、株主資本コスト用います。DDM 法で使用される ECF は、銀行であれば自己資本比率規制を考慮したものを用います。また、同じ金融機関でも保険会社の評価には、予測を超えるリスクに対して余裕資本がどの程度あるかを測るソルベンシーマージン比率を考慮した ECF を用いて評価します。

エクイティ法は、エクイティDCF法と呼ばれることもありますが、FCF に

代えてECFを用いる点はDDM法と同じです。割引率に株主資本コストを使う点も同じです。違いは、ECFです。

　エクイティ法では、税引後当期純利益をスタートに、金融資産と金融負債をネットした額の対前期比増減額というエンタープライズDCF法の運転資本増減額に似た要素を加減算してECFを算出します。エンタープライズDCF法を金融業に置き換えると、エクイティDCF法になるといった具合です。事業会社にとっての仕入債務は、銀行にとっては有利子負債です。一般事業会社にとって本業を示す利益は営業利益ですが、銀行の本業を示す利益は、経常利益（または純利益）です。このように置き換えをしていくと、エンタープライズDCF法はエクイティDCF法に到達します。

　少しややこしい話をもう1つだけ付け加えると、DDM法でもエクイティ法でもDCF法のどれを採用しても理論的には同じ価値になるはずです。ただ、実務ではなかなか一致することはありません。

　補足ですが、金融機関や保険会社など金融機関の評価は、インカム・アプローチだけでなく、マーケット・アプローチでも異なります。金融機関には、PER（Price Earnings Ratio；株価収益率）、PBR（Price Book-value Ratio；株価純資産倍率）といった倍率を使用した方が企業実態に適しています。

15

マーケット・アプローチ概論

3つの価値評価アプローチのうちの1つ、マーケット・アプローチを説明します。

マーケット(市場)から見たアプローチ

マーケット・アプローチは、対象会社を市場から見た評価で、上場企業のみ市場株価法が採用できます。他にも類似会社比較法、取引事例法、取引事例比較法などがあります。

マーケット・アプローチの多くは、株式市場の大きな特徴である「市場参加者が市場を通じて、小単位の株式の交換取引を日々行っている」という特徴を利用しています。株式市場で形成されるマーケットバリューをもとに評価する手法はすべてマーケット・アプローチに分類されます。

また、株式市場のみならず、売買の当事者間で成立した取引も広く市場で行われた取引と考えるため、取引事例法や取引事例を参考として評価する取引事例比較法もマーケット・アプローチに分類されます。

① 市場株価法

証券市場の評価として付された市場株価に発行済株式数を乗じるなどして、株式価値を評価する手法です。証券市場に上場している株式という売買の容易性すなわち高い流動性と、小さい単位で売買が成立しているマイノリティ取引という点が特徴です。評価手法の中では、最も客観性が担保されています。

評価に使用する株価は、評価基準日直近の株価が望ましいものの、評価基準日時点の特殊要因などの混入が想定されるため、一定期間の株価平均を用いたりします。実務でよく目にするのは、評価基準日から1年程度遡った図

23のようなグラフで、株価動向・出来高などに加えて、平均株価などが掲載されていると思います。「一定期間」として、評価基準日当日の株価、前1カ月、3カ月、6カ月の終値平均が使用されることが多いでしょう。

■図23　市場株価グラフのサンプル

出来高（単位：株）　　　　　　　　　　　　　　　　　　　　　　　　株価（単位：円）

② 取引事例法と取引事例比較法

　取引事例法は、対象会社の過去の取引事例そのもののことです。ただ、あまりにも古い取引事例は、財務状況や市場環境も変化しているので使用すべきではありません。

　取引事例比較法は、同業他社や類似業種の取引事例から当時の財務情報と取引価格から取引倍率を推計し、今般の評価対象会社の財務情報と比較して評価する手法です。取引事例比較法で使用する過去の取引事例も、あまり古いもの使用は避けるべきです。

　評価対象会社の株式を1株1,000円で取引した事例があるとします。その取引から1年以内または決算の更新が無ければ、今回も同様に1株を1,000円としましょうというのが、取引事例法です。それほど時間が空いていないのであれば、取引価格・価値も変わらない、と考えます。

　一方、取引事例比較法は、最近、同業他社で1株1,000円で取引した事例があるとします。同業他社に比べると、評価対象会社の営業利益やEBITDAが2倍だったとします。利益水準を単純比較すると評価対象会社の価値は1

株 2,000 円で評価しましょうという手法です。

　取引事例が存在する場合には、取引内容と取引の時期が分かれば評価レポートで採用されていると思います。期間的には 1 年以内、または決算を跨がないなどのいくつかの条件はありますが、比較的新しい取引事例を無視するのは得策とはいえません。評価対象会社に取引事例がある場合は、評価人と情報共有しつつ、取引価格と価格決定方法を対象会社にヒアリングし、価格決定方法の妥当性などを吟味したいところです。

16 マーケット・アプローチの代表格 類似会社比較法

類似会社比較法は、企業価値評価では DCF 法と並んで定番の評価手法のひとつで**マルチプル法（マルチプル、略してマルチ）**とも呼ばれています。

評価対象会社と事業内容や規模などが似ている上場類似会社（→84 ページ）を選定し、株価と財務指標から倍率を計算し、評価対象会社に当てはめることで価値を算定します。

計算が比較的シンプルであることから、初期的な企業価値の試算の際にもよく利用され、評価人のみならず M&A を検討している関係者の間でも「業界的に EBITDA 倍率は 5 倍だから○円くらい？」などという会話がよくかわされます。

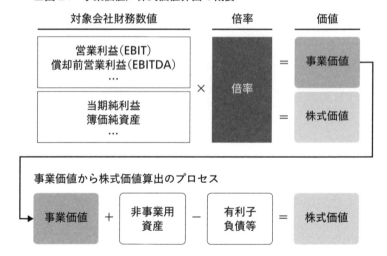

■図 24　事業価値／株式価値算出の概要

類似会社比較法のメリットとデメリット

　類似会社の倍率で価値を決めてしまうので、対象会社の固有の中長期の成長性が考慮できないなどの問題はあります。

　簡易かつスピーディーに評価が行える点はメリットですが、反面、選定した類似会社次第で倍率が大きく変わったり、類似会社が見当たらない、類似会社が極端に少ない、対象会社が営業欠損を見込む際にはうまく計算ができない可能性もあるなど、問題が生じることも。また、シンプルな計算方法がゆえに計算過程はわかりやすいのですが、計算要素が倍率と対象会社の財務数値だけと少ないので、この2種類の情報だけで事業価値〜株式価値が決まってしまうことの良し悪しもあります。

■図25　類似会社比較法の計算例

（単位：百万円）

価値	会社区分	指標	数値	
	対象会社	EBITDA	1,100	…a
	類似会社	倍率	5.5	…b
事業価値			6,050	…c = a × b
	対象会社	現金及び預金	2,300	…d
	対象会社	有価証券	500	…e
企業価値			8,850	…f = c + d + e
	対象会社	有利子負債等	(2,000)	…g
株式価値（マイノリティベース）			6,850	…h = f + g

17 類似会社比較法における倍率の選定

　類似会社比較法に用いる倍率は、売上高倍率、EBIT 倍率、EBITDA 倍率、PER（株価収益率）、PBR（株価純資産倍率）などが代表的です。

■図 26　倍率の概要

区分	倍率種類	算出方法
事業価値の算出に使用する倍率	EBIT 倍率	類似会社の事業価値を EBIT で除して算出
	EBITDA 倍率	類似会社の事業価値を EBITDA で除して算出
株式価値の算出に使用する倍率	PER（株価収益率）	類似会社の時価総額を当期純利益で除して算出
	PBR（株価純資産倍率）	類似会社の時価総額を純資産で除して算出

　各種倍率種類の中から対象会社の事業を鑑みて適したものを選択しますが、M&A の現場を想定すると、交渉相手がどの倍率を採用してきそうか予想しておくことも重要です。初期的な価格交渉を控えている場面などでは、価値が高く（もしくは低く）なる倍率をこちらであれこれ考えることより、相手がどのような思考で倍率を選定してくるかを予想しつつ、交渉戦略を考える方が有用かもしれません。交渉相手が採用しえない倍率種類や類似会社を選定して交渉を進めようとしても折り合いはつかず、交渉は前に進みません。

EBITDA 倍率

　一般的な事業会社の評価で採用頻度が高いのは、減価償却費やのれん償却費などの会計方針に左右されない **EBITDA 倍率**です。複数の上場類似会社から計算した EBITDA 倍率の中央値をもって評価に使用しているケースが多いと思います。なお、複数の倍率から採用値を計算する際は、平均値より異常値の影響を受けづらい中央値の採用がベターです。

　ただし、類似会社の数が少数であるときには、中央値ではなく平均値を用いることもあるので、状況に応じて評価人に確認してください。

　EBITDA の時点については、「**実績 EBITDA**」と「**当期予想 EBITDA**」の 2 種類が一般的です。短信などで当期の業績予想を開示している上場会社も多く、日本企業では実績 EBITDA より、当期予想 EBITDA を使った方がよいでしょう。投資家は、実績より今後の業績予想に重きを置いて株式の売買を判断するでしょう。株価には今後の期待が含まれています。

その他の倍率

　売上高倍率は利用の場面が限定されるので、PER と PBR について少し触れておきます。

　PER は当期純利益を使うため、営業外損益や金融損益のみならず、時には巨額となる特別損益の影響も受けることの是非が指摘されることがあります。上場時の値付けの際などには重視されていますが、企業価値評価の場面では、それほど多用されません。

　PBR は、株価と純資産から算出される倍率です。PBR が 1.0 を下回る銘柄は、解散価値が簿価純資産を下回ることとなりますが、1.0 以下の上場企業が思いのほか多数存在しているのは周知の通りです。事業内容や目的などにもよりますが、企業価値評価の実務上、PER や PBR は、金融業を除くと参考程度の扱いが多いようです。

　複数の評価手法を用いた価値評価は、適切な価値を導き出す方策ですが、

類似会社比較法については、とにかくたくさんの種類の倍率を用いればよいというわけではないと思います。複数の倍率を用いた評価レポートを受け取った場合、算出されている事業価値や株式価値が概ね一致していればよいのですが、価値に結構な差がある際には、原因や評価人の見解、複数倍率の採用理由などを聞いた方がよいでしょう。

海外企業における倍率の検討

本章10項の「カントリーリスク」の説明（→86ページ）で述べたように、株式市場の規模や成熟度は国によって大きく異なります。株式市場が未成熟である新興国に所在する評価対象会社に、どのように類似会社比較法を用いるかは、論点になります。対象会社が新興国に所在するのであれば、同国に所在する上場の同業他社倍率の傾向を把握することができます。異常な倍率が算出される可能性もありますが、評価人に検討を要請した方がよいでしょう。

併せて、米国（または日本）ないし近隣諸国の類似会社倍率との比較も有用かもしれません。同じ業種でも国が異なると、倍率も変わります。

できれば、新興国企業の評価に類似会社比較法のみということは避けたいと考えます。基本的に価値が定めづらく、難易度も高いので、日本企業の価値評価以上に多面的な分析が必要です。

18 コスト・アプローチ概論

　貸借対照表の簿価純資産を基礎に株式価値を算定する**コスト・アプローチ**は、通常の企業価値評価の実務ではあまり使用されません。コスト・アプローチを使うのは、評価対象会社が清算を検討しているような特定の状況に限られます。このような状況では、いわゆる"継続企業の前提"が成り立たないので、評価対象会社が今後も永久的に事業を継続するような前提を用いてしまうと、企業の実態と評価手法にミスマッチが生じてしまいます。

　ただ、資産・負債の時価が企業価値に近いとみなせるような企業の評価の際には活用を検討できるかもしれません。とはいえ、利用局面は限定的ですので、コスト・アプローチが採用された評価レポートを入手したときには、採用理由を確認する必要があります。他に適切な評価手法がないことは理由になりません。

　コスト・アプローチは、わかりやすく客観性を有する反面、通常のM&Aでの価値の検討場面で採用する機会はほぼなく、DCF法などの評価結果と対比する程度の登場の仕方にとどまります。

コスト・アプローチに属する評価手法

　評価レポートへの登場頻度は低いコスト・アプローチですが、評価手法はいくつかあります。代表的な評価手法を紹介しておきます。

● 簿価純資産法

　簿価純資産法は、会計上の簿価純資産をそのまま株式価値とみなす評価手法です。ごくシンプルな簿価純資産法は、評価対象会社の清算や再調達・再構築は想定しておらず、単に貸借対照表の簿価純資産をイコール株式価値とするだけです。

なお、コスト・アプローチ全般として、評価対象会社の超過収益力を価値として表現できない点が問題であるといわれています。同じ純資産規模を有する2社について、将来の収益性が大きく異なる見込みがあっても、将来の収益力とは無関係に同じ価値として評価することになります。

　評価レポートでは、簿価純資産額を参考値として他の評価結果と並べて表示し、簿価純資産と比べてDCF法の算定結果は高い？　低い？　という比較検討材料にすることはあります。また、主となる評価結果との差額は、買収後ののれんに近いので、のれんの概算額を純資産額との比較である程度把握することはできます。

● 修正簿価純資産法

　修正簿価純資産法は、特定の科目の簿価を時価に修正して、修正額合計を純資産額に加減算することで株式価値を算定する手法です。時価が入手できる科目のみを特定して評価するので、すべての資産・負債を時価評価する「時価純資産法」と呼称を変えます。

　この2つのうち、修正簿価純資産法の方が採用の機会は多いと思います。実務的には、すべての資産・負債を時価に置き換えることは非常に困難だからです。また、「時価」と記載すると簡単な印象を持たれがちですが、実は何をもって「時価」とするかはかなりの難問です。上場している株式や現預金であれば、誰しも容易に時価の想像がつきますが、評価対象会社が有する非上場会社の株式、数年前に購入した使用中の機械装置などは、何をもって今日の時価とするか？　は、やはり難しい問題です。

　また、時価については、大きく2つの見方があります。例えば機械設備などの稼働中の固定資産を時価評価する際には、「数年経過した同じ機械設備を今買ったらいくらになるのか？」という**再調達価格**を前提とした時価と、売却を前提に、諸費用などの処分費用も考慮した**正味売却価格**を前提とする時価です。再調達価格は、評価対象会社とそっくり同じ会社を新規で立ち上げるイメージですが、これは現実的にはなかなか厳しい前提条件です。

　したがって、正味売却価格を用いる方が、いわゆる時価というイメージには合致するのではないでしょうか。すべての資産・負債を処分して、最終的

に手元に残る現金が評価額になります。実際に資産・負債をすべて換金・精算するような際には、最適な評価になります。

　修正簿価純資産法や時価純資産法は、概念的に理解しやすい評価手法に区分されると思いますが、実際に実務で採用してみると意外に論点のある評価手法です。

　正味売却価格を用いる際に、売却益が見込める資産は、修正簿価純資産法や時価純資産法では、評価益を有する資産として扱われます。実際の売却の際には売却益に税金がかかるので、その分受け取れる現金は目減りします。再調達は同様のものを新しく購入、または再構築するので、税金の概念は不要ですが取得費用などが発生し、不動産も取得費用や登記費用などの要否も考え出すと論点が意外と多いことがご理解いただけるのではないかと思います。

■図27　簿価純資産法の概要

簿価純資産 ～ BSイメージ

修正簿価純資産 ～ BSイメージ

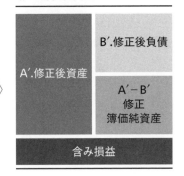

FCF を算出するための NOPAT

　FCF は、営業利益から法人税等相当額を控除した NOPAT について、実際の現金の出入りを各計画期間ごとに調整して算出します。

　事業内容によって、FCF を算出するための NOPAT に調整を加える項目の特徴があります。

● 減価償却費・設備投資額

　特に大きな工場設備を有するような製造業者は、設備投資額と減価償却費の水準感に注意する必要があります。特に、事業計画期間に多額の設備投資の有無や多額の設備投資が予定されている場合には、翌期以降の減価償却費が適切に見積もられており、営業費用にも考慮されているか否かは確認した方がよいでしょう。逆に、有形固定資産をそれほど必要としない業種では、あまり神経質になる必要はありません。

● 運転資本増減額

　売上債権や棚卸、仕入債務のボリュームが相応である企業については、将来推移見込について注意する必要があります。卸売業でも製造業でも、貸借対照表を参考に、今後の動向を推計すべきです。対象会社の現状と今後の方向性、財務 DD チームの意見、買い手企業の実際の担当者の意見も踏まえて検討した方がよい領域です。

● その他 (のれん償却額)

　対象会社が過去に M&A を実施し、のれんを有している際にはのれん償却額が事業計画で見込まれています。日本基準では最長 20 年の償却期間なので、事業計画期間を超えて償却が進むのれんについては、企業価値への反映方法を確認してください。

　なお、のれんを有している企業を買収した際には改めてのれんを再計算し、償却期間も買収企業の方針によって決定されます。

第 **4** 章

評価レポートの
分析と活用

企業価値評価の実務は浸透しつつある一方で、専門化も進んでいます。M&Aは規模の大きい重要かつ複雑な取引なので、DDから企業価値評価までのすべてを1人や少人数でこなすことが厳しい時代が来ているのです。

企業側も、コーポレートガバナンスの観点などから、企業価値評価や財務・税務・法務の調査を社外の専門機関・第三者機関に依頼する傾向が加速しています。今後、M&Aの当事者である企業に求められるのは、専門家の作成した各種の報告書、本書でいえば、「企業（または株式・事業）価値算定報告書（評価レポート）」の見方、読み方に移行しつつあるのではないでしょうか。M&Aに係る最善の意志決定、その後の買収企業の管理（シナジーの発揮や買収企業の価値の維持向上）でも評価レポートを活用していただきたいと思います。

評価レポートに提示される評価結果

　評価人がクライアントに提供する最終的な成果物は、**企業価値評価報告書**（評価レポート）になります。株式価値を評価対象とする際には、「株式価値算定報告書」や「株式価値評価報告書」という表題で作成されます。評価対象が事業であれば、「株式」の文字に代えて「事業」となります。評価レポートを読み解くためには、企業価値評価のある程度の理解は必要です。前提となる基礎知識を持つことは重要ですが、評価作業そのものではなく、評価レポートの利用や読み解きの方がより重要です。

　本書の目的は、評価レポートの利用者である企業の担当者が、評価レポートを効果的に活用して、M&Aの成功に向けた意思決定を下せるようになること。さらに経営統合後も踏まえた評価レポートの見方・読み方のご参考になるよう解説しています。価値評価レポートのどこをどう見ればいいのか？注意点やポイントはどこか？　実際のレポートに即した実用的な解説を始めていきます。

売買金額について

　評価レポートを受領した際、まず気になるのはレポートの結論である価値の評価結果額でしょう。

　「この会社の価値は1億円です！」

　そう言い切れればいいのですが、企業を売買する際の価値の算出はそれほど単純な話ではありません。見積り要素の強いデータや数字、係数を用いて価値を計算・評価しているわけですから、「この金額です」と評価人が明示することは極めて難しいことです。

　決算書以外に有用な財務情報がない非上場企業の価値評価であれば、簿価純資産額（＋α）や税務上の相続税評価額などをもとに売買金額を決めた時

代もあったでしょう。しかし、特に簿価純資産額（＋α）の決め方では、＋α
の要素を除くと、純資産額が同じ企業はすべて同じ価値として評価されてし
まいます。純資産が同額でも業種が違ったり、同じ業界でも成長度合いが違
う２つの企業の価値が同額でよいのか？　業種や企業の特性、リスクや成長
への期待などさまざまな要素を価格に反映できないのか？　他にも理由はあ
ると思いますが、このようなニーズが、現在の価値評価手法の主流になって
いる DCF 法の普及につながったと推察しています。

　評価レポートでは、価値の評価結果を○円〜○円というレンジで示すのが
慣習です。このレンジから最終的な売買金額を決定しますが、その最終決定
は、売り手・買い手というレポートを受領した企業自身で決めることになり
ます。詳細は後ほど記載します。
　図 28 は、評価レポートのサマリーページからの抜粋です。大元は図 21
「感応度分析」（→ 92 ページ）の上限値〜下限値となります。

**■図 28　評価レポートでの価値評価結果
（DCF 法を採用した例）**

（単位：百万円）

評価手法	株式価値レンジ		
	Low		High
DCF 法	6,815	〜	8,536

2 株式価値算定報告書とは?

　評価人は、価値評価結果と評価・計算過程を記載した報告書を「**株式価値算定報告書**」という表題で発行しますが、クライアントとの会話では、「**評価レポート**」「**バリュエーションレポート**」または単に「**レポート**」「**評価書**」と呼んでいます。

　ここからは評価レポートの実例を用いて話を進めます。図 29 は当社の標準的な評価レポートの目次になります。

　このページは評価レポートの 3 ページ目に当たります。当社のレポートの場合、表紙があり、次のページでは「免責・制限事項／前提条件」を記載しています。

　略称一覧では、主にこれまで触れてきたような基礎的用語を掲載していま

■図 29　企業価値評価レポートの例：目次

目次
略称一覧
Executive Summary
株式価値算定の前提
事業計画
株式価値算定方法の選定
株式価値算定　〜市場株価法
株式価値算定　〜DCF法
株式価値算定　〜類似会社比較法

す。その他、各所に表・図などを用いて、テクニカルになりがちな評価の説明・解説をしています。そして、Executive Summary にて算定された価値をレンジ表記にして、主要な前提条件とともに掲載しています。

　図 30 では、採用した価値評価手法と評価結果がレンジ表記されています。このレポートでは、DCF 法と類似会社比較法が選定され、それぞれの評価手法で導き出された価値が上段に、下段には価値のレンジを示したグラフ（フットボールチャート）が記載されています。

　価値に注目してしまいがちですが、右に記された主要な前提条件に記載の評価基準日も確認するようにしてください。

　評価基準日の箇所には、評価に用いた財務情報、市場情報を入手した基準日と、最終情報入手日が記載されています。企業の価値はこれらの評価基準日時点の価値ですので、市場情報基準日が古すぎないか？　などは確認しておきましょう。また、最終情報入手日は、この日以降の対象会社や経済状況の変化は一切取り込んでいないことを意味しています。

■図 30　企業価値評価レポートの例：Executive Summary

　評価レポートの入手目的を明確にすることの重要性、使用目的による使い分けなどについては、既に第1章で紹介しましたが（→第1章11項、第1章12項）、レポートの読み解き方を説明するうえでも重要なことですので、再度この視点からお話ししたいと思います。

売買価格を決めるのはあくまでもクライアント

　株式価値は、DCF法で100億円と計算しても、レポートでは90〜110億円などと幅を設けて表記することが業界標準であることは、第4章1項で説明した通りです。価値をレンジで表記するのは、ある意味概算額だからです。

　「結局いくらなの？」
　言葉にしないまでも、そういいたげなクライアントの視線を感じることは珍しくありませんし、その気持ちも理解できます。しかし、M&Aにおける売買（希望）価格を最終的に決定するのは、レポートを受け取った企業です。評価人は、企業価値評価のスペシャリストではありますが、あくまでも価値評価レポートの作成者であり、レポートを利用する意思決定を行う企業とは関わり方が違うのです。「評価レポートは、価格意思決定をするための参考情報の提供を目的としています」と評価レポートに記載があると思います。

　「レンジの中のどの辺が妥当だと思いますか？」
　率直にこのようなアドバイスを求めてくるクライアントもいますが、レポートに提示されている価値レンジ幅が算出した価値です。評価人の一般的な傾向として、価格意思決定の具体的な問いに対しては「企業の方でご決定ください」と返答してくるでしょう。

評価レポートの入手目的は明確に

　ごく稀だと思いますが、実際のM&Aの価格交渉に評価人が同席することもあります。専門的な質問が投げかけられたときの回答者という役割が期待されていると思いますが、例えば相手方の評価手法の選定理由や意図などの大枠の確認をすることはあっても、評価方法について直接的に細かい議論を交わしたりするような積極的な関与をすることはまずありえないでしょう。

　また、交渉相手に評価レポートを見せるので、一緒に交渉の場に立ってほしいと相談を受けることもあります。交渉に同席することは構いませんが、最初に評価レポートを入手する目的、使用する目的を明確にしておいた方が、その後のさまざまな場面でスムーズに進むと考えています。というのは、交渉を主目的とした評価も、社内意思決定用や社内稟議の価格意思決定目的のいずれにおいても、基本的には同じ企業価値が算出されるはずです。さまざまな理由により、多少の差が生じることはあるかもしれませんが、利用目的によって、評価に大きな差が生じないのが第三者的な立場から行う企業価値評価です。

　問題は、評価レポートに記載されている、価値レンジの中から提示金額を決定するところから始まります。評価人としては、冒頭で交渉用にレポートを開示する旨の話を聞いていない限りは、クライアントの価格意思決定を目的としてレポートを作成します。

　レポートの提出後に、よくある相談が、レンジの中からどのように価格を決定したらよいか、考え方について相談を受けることもあります。その際に、交渉相手にどこまで価値評価結果を伝えるかという質問をされることがあります。

　社内意思決定や社内稟議だけでなく、相手方へのレポート開示を踏まえると、価値レンジの見方と提示価格の決め方のアドバイスは変わります。そのため、企業価値評価を依頼する前がベストですが、相手方に評価レポートを開示したい場合には、早めに評価人に相談した方がよいと思います。

　次項では、社内利用目的と交渉目的を兼ねてレポートを利用する際の問題点について触れてみたいと思います。

4　評価レポートの開示について

「評価レポートを相手企業に見せてもいいか？」

評価人がよく受ける質問ですが、通常、一般的には見せません。

例えば、感応度分析による価値レンジを交渉相手に開示し、そのうえで具体的な金額を提示した・されたとしたらどうでしょう？

図 31 のマトリクス表は、価値レンジの大元となる**感応度分析**です。網かけ部分の数字が評価人の推奨する価値を意味しています。下限の価値として 68 億円（6,815 百万円）、上限の価値として 85 億円（8,536 百万円）を算出し、評価人がこの価値レンジ内での価格決定を推奨しているとご理解ください。

■図 31　感応度分析

（単位：百万円）

		永久成長率				
		0.0%	0.5%	1.0%	1.5%	2.0%
割引率	7.0%	8,382	8,672	9,010	9,409	9,889
	7.5%	7,733	7,963	8,228	8,536	8,901
	8.0%	7,167	7,350	7,558	7,799	8,080
	8.5%	6,669	6,815	6,980	7,168	7,385
	9.0%	6,228	6,344	6,474	6,622	6,791

感応度分析や価値レンジを交渉相手に示すことで、提示価格との比較ができるようになります。売り手企業に、例えば 68 億円を提示していたら、「低い」という印象を持たれますし、右上の 85 億円で提示していれば売り手の満足度は上がることでしょう。

立場を変えてみましょう。早速、売り手の希望する 85 億円を買い手企業の社内に持ち帰ると、「高い！」と確実にいわれてしまいそうです。表の中央

に位置する75億円は、買い手・売り手のどちらにも偏らない、両取りで妥当ということになりますが、各企業の都合や思惑、意図もあるので、中央の値ばかりを提示または決定できる案件ばかりではありません。

　対処法はさまざまだと思いますが、ごくシンプルなやり方として、買い手は交渉の際の上限額で社内決済を取り、下限値から交渉を開始することなどでしょうか。レンジの活用方法のひとつだと思います。

開示が交渉に及ぼすデメリット

　まず念頭に置きたいのは、評価レポートを交渉相手に開示することのリスクです。評価レポートは、交渉相手に見せてしまった方が早めに決着がつくような気もするでしょう。

　ただ、実際はそううまくはいきません。評価レポートには価値の評価結果だけでなく、価値評価に使用した事業計画の分析、割引率の計算過程や財務DDでの発見事項などたくさんの分析情報が記載されています。こちら側の見立て、何を評価し、何をリスクと考えているかの中身をオープンにしてしまうことは、交渉の駆け引きという点でも得策ではありません。

　「評価人同士で議論して、合意可能なところまで話を進めてくれ」

　そのように思う方もいるかもしれませんが、評価人同士で価値を議論しても、話は平行線をたどることが予想されます。

　企業価値評価の専門書や日本だと公認会計士協会が公開しているガイドライン等もありますが、一律に同じアプローチ、同じ評価手法を用いて「誰が計算しても同じ数字になる」という性格のものではありません。集めた情報の差異、リスク、成長率の見方、選択した評価手法……さまざまな要因で違いが生まれてしまうので、お互いがお互いの価値に対する論拠を示す「答えの出ない論争」になってしまうことが容易に想像されます。

　なお、交渉相手に開示する際には、開示する企業と開示を受ける企業（見せる方・見せられる方）の双方から書面をもって開示手続きを踏むことが一般的です。

5 売り手と買い手双方から見た 企業価値評価

M&Aの当事者には企業または事業を売却する売り手側と買収する買い手側が存在します。本書では、両方の場合を想定して共通する事柄またはそれぞれの立場の併記で話を進めていますが、ここでは、売り手と買い手に分けて、企業価値評価に関する視点や考え方の違いを簡単に見ていきましょう。

売り手編

売り手は、自社の評価レポートを入手して、売却価格の意思決定の参考情報とすることがごく一般的な利用方法だと思います。この場合、買い手の提示する金額が売り手が入手したレポートの金額、または売り手企業の想定額と概ね一致していれば、特に議論の必要なくM&Aの交渉は次のステップに進むことになります。

しかし、買い手の提示価格とこちらのレポートをもとに検討した売却希望価格に乖離が生じることは珍しくありません。相手がどんな材料をもとに価値評価を行い、どこでズレが発生しているのか？ まず、価値評価の点で疑いの目が向きやすいのが、割引率や永久成長率などの、数値化されていてわかりやすいパラメータです。しかし、その前に確認したいのが、売り手が提示した事業計画を、買い手がどのように見ているのか？ です。

そもそも事業計画自体が達成困難と買い手に判断されている場合には、売り手が提出した事業計画について、売上・利益が予想以上に下方へ修正されているかもしれません。

買い手との話し合いの中で、自社の成長性や利益水準の見通しなどをしっかりとアピールできる材料を用意して交渉に臨む必要があるでしょう。

また、買い手が価値を低く見る要因のひとつは、買い手が売り手企業に対

して実施した財務DDです。会計上問題となる簿外負債や過去の売上・利益の問題点が発見されることもあり、その分の価値は引き下げられてしまいます。M&A交渉当初の意向表明書に「DDでの発見事項によっては最初の提示価格を調整します」という文言が記載されるのはこのためです。

財務DDは、いいすぎかもしれませんが、相手企業の財務の問題点の発見に注力してきますので、減額要因となる指摘が全くないという想定は甘すぎると思ってください。

財務DDのマイナス材料を補填する策として、用意しておいてもよいのが、M&Aに伴って期待される**シナジー**です。売り手側から、どのようなシナジーが、どの程度生じるかをリアリティを持って示しておけば、プラス要因として検討してもらえる可能性が高まります。ここで言及するのは今さら論かもしれませんが、そもそも本来的に売り手はシナジーの期待できる企業を選択し、買収してもらうべきです。どの程度のシナジーを売却代金に含めるか含めないかが交渉の争点になる事例は多くあります。

通常、シナジーは買い手企業が考えますが、そのネタ出し、頭出し、ヒントを積極的に提示しても何ら損することはないと思います。

買い手編

買い手は買収対象会社に財務・税務DDや法務DDなどを実施します。DDでは、公認会計士・税理士・弁護士などの専門家が対象会社を短期間で徹底的に調査します。

なお、DD期間中は、売り手側は、大量の質問と資料の提出依頼を受けると同時に、インタビュー対応や工場への案内などを強いられ、とても多忙になります。また、会社を売ろうとしていることを従業員に知られないように隠密裏に行動するため、売り手企業の担当者は最も気を使う時期です。

DDで明らかになった企業構造やビジネスモデル、財務・税務・法的な問題点は、専門家から買い手に伝えられます。DDを経て得られた調査結果には、対象会社の価値を下げる材料がそれなりに含まれてしまいます。より詳

細な会社の内容やビジネスモデル、会計処理の内容や決算体制、人員の状況、各種契約書の調査から組織体制などが調査対象となり、悪材料だけを探しに行くわけではありませんが、DD で企業価値を上げる要因がたくさん報告されることはあまりありません。

とはいえ、DD は買い手が売り手企業を単に買い叩くために実施をするわけではありません。計上が漏れていた負債を発見し、その分価値を下げるのは、統合後の自社のためでもありますし、M&A が成立した後には対象会社が子会社となることを考えると、現実感をもって前向きに DD 結果を受け止めた方がよいでしょう。減額要因ばかりでなく、統合後に期待できるシナジーなどのプラス要因は、買い手企業の方でも積極的に検討し、必要に応じて価値にその一部を加算することになるかもしれません。

これらの点を総合的に判断して買う価格を決めることが、買い手側の企業価値評価の特徴です。

DD で発見された事項は、価値に影響する問題点ばかりではありません。売買金額に反映させる項目、株式譲渡契約書でカバーする項目、または統合後、買収後に解決すべき問題などのテーマ別に整理して対処しましょう。

6 シナジーの検討

　M&Aはしばしば結婚に例えられます。結婚が人生のゴールではなく、2人で歩む人生のスタートであるのと同じように、M&Aも売って終わり、買って終わりではありません。双方が目指すべきは、売買が完了し、経営を統合した後の発展的成長です。

シナジー検討のポイント

　M&Aを機に発生する相乗効果、シナジーは重要項目のひとつです。
　シナジーには、売上に関するシナジーや、費用削減に関するシナジー、ディスシナジーなどさまざまなものが存在します。
　企業価値評価においてシナジーを検討する際は、

①シナジーの項目と内容
②シナジーの金額とその発現が予想される期間
③発現の可能性

以上の3点から検討することを推奨しています。
　図32は、この3点をイメージした事例です。具体化することで現実味が増し、価格・価値面での検討もしやすくなると思います。

スタンドアローン計画とシナジー計画

　事業計画は、対象会社が今後も自社単独で事業を引き続き行うという前提で策定したスタンドアローン計画とシナジー（場合によっては、ディスシナジーも）を考慮したシナジー計画に大別されます。特に買い手は、最初からシナ

ジーがすべて発現する前提で価値を考えるのではなく、スタンドアローン計画を基準に、発現可能性の高いシナジーを1つずつ順に加えていくような方法が実用的だと思います。

　フルシナジー前提での事業計画をもとに価値検討をしてしまうと、買収後にすべてのシナジーの発現が必須条件になり、1つでも発現しないと、買収検討時に想定していた価値が毀損したことになり、減損の可能性がいきなり高まってしまいます。

　シナジー計画とスタンドアローン計画を全く別ものとして策定する方法もありますが、個人的にはスタンドアローン計画にシナジーを1つずつ加えてシナジー計画を策定する方が、説明も理解もしやすいのではないかと思っています。

■図32 シナジー検討例

No.	シナジー項目	効果	発現期間	発現可能性
1	費用の削減	＋30百万円／年	計画1年以降	100%
2	営業所の統合	＋20百万円／年	計画2年目から5年目まで	70%
3	クロスセル	＋10百万円／年	計画2年目以降	20%

(**スタンドアローン計画とは**)

　現状の事業を継続した場合の事業計画がスタンドアローン計画。本来、スタンドアローン計画で算定された価値で買収が成立することが買い手の理想となる。スタンドアローン計画の理解と適切性の確認ができないまま、埋め合わせのようにシナジーをいくら検討しても、経営統合後に発現可能なシナジー計画にはなりえない。

7 価格決定の方法と価格の交渉

　価格決定に際しての序論は、本章1項で簡単に触れました。流れとしては、取締役会などで金額や買収条件などに関する決議に進み、承認されればM&Aが実行される運びになります。その際に、稟議書などで価値評価レポートの全部または評価結果の抜粋版を用いることがあると思います。

■図33　レンジ幅のどこの価格を選択するか

（単位：百万円）

評価手法	株式価値レンジ		
	Low		High
DCF法	6,815	～	8,536

　図33のサンプルでは、DCF法による価値が、6,815〜8,536百万円のレンジで示されています。このレポートだけ見ても、6,900百万円でいいのか、それとも8,500百万円に決定するのがいいのか、はたまたど真ん中の7,600百万円がいいのか、本件の担当者は思い悩むこともあるでしょう。評価レポートでは、後述するように複数の評価方法の算定結果を示しているので、他の評価手法との相対的な価値関係なども見て、総合的に検討して、かつ先方との交渉も踏まえて決定することになります。

感応度分析の活用

　感応度分析も再度見ていきましょう。次ページの図34は将来の成長率や割引率ごとにどの程度価値が変動し、価値が変わるのかを可視化した表になります。

　感応度分析は、例えば永久成長率は1.0％、売り手企業の適切と思われる

■図34 感応度分析

(単位：百万円)

		永久成長率				
		0.0%	0.5%	1.0%	1.5%	2.0%
割引率	7.0%	8,382	8,672	9,010	9,409	9,889
	7.5%	7,733	7,963	8,228	8,536	8,901
	8.0%	7,167	7,350	7,558	7,799	8,080
	8.5%	6,669	6,815	6,980	7,168	7,385
	9.0%	6,228	6,344	6,474	6,622	6,791

割引率が8.0％であった際には、双方が重なる7,558百万円（76億円としてもよいでしょう）がその条件下での価値である、というように見ます。

　自社にて何かしらの価値計算モデルを用いていたり、価格決定の方法を持っている場合は、その方法で計算した価値が感応度分析の価値に入っていることでよしとするような利用法もあります。

価格交渉のポイント

　価格交渉は、M&A のプロセスにおいて重要な事項のひとつであり、売り手側、買い手側双方とも関心の高い領域になります。売り手からすれば売却対象会社の売却価格が決定し、そのお金が直接懐に入るため、金額に興味関心が高いことは大いに理解できます。当然のことながら、買い手と売り手の価格に対する立場は相反関係にあるので、交渉が難航することも多くあり、そのまま交渉決裂という案件も実際にありますし、珍しくはありません。

　買い手と売り手の価格に対する立場は相反関係にありますが、売り手と買い手の利害が常に対立し続けるわけではありません。M&A の交渉は、基本的には経営統合を目指した交渉なので、双方の未来に資する共通の利益は必ずあるはずです。

交渉を円滑に進めるためには、買い手は DD や企業価値評価で明らかになった対象会社の問題点を明示したうえで、よい点は高く評価し、対象会社の価値を買い手としては頑張って適正に評価していることをしっかりと伝えることが大事だと思います。

　対して売り手は、第三者の評価を活用し、自社の客観的価値を把握し、極端には高望みしすぎずに交渉に当たるべきと考えます。

　対象会社の客観的価値を論理的に算出する企業価値評価は、対象会社の価値と価格の目線となります。この目線が、買い手企業から提示された金額の高低を判断する基準になります。

　最終的な売買価格の決定は企業側における意思決定事項ですが、企業価値評価レポートで算出された価値に基づく限り、評価人やアドバイザーは、「○円以上の提示なら、無理して値上げ交渉まで持ち込まずに応諾しましょう」「○円以下が提示されたら理由を確認し、どうしてもその買い手企業にこだわる理由がなければ、他を当たりましょう」といった具体的な助言を行うこともあります。

　価格の交渉では、当初は埋めがたく感じるほどの開きがあっても、最終的には双方納得の上まとまるという事例も多くあります。交渉成立のためには、定められた期間の中で、お互いにとっての適正価格を求めて話し合う姿勢と行動が必要と感じています。

8 評価結果の分析

　評価レポートは、評価人、アドバイザーごとにさまざまなフォーマットがあります。見せ方は違っても、一般的には以下のようなサマリーが冒頭に記載され、どの程度の価値であるかを複数の評価手法で示します。

価値評価サマリーの見方

　図35は、3つの評価手法ごとの価値を示したレポートのサンプルです。

　下部のグラフは、レンジ幅を表したフットボールチャートです。事例では、DCF法と類似会社比較法の価値がレンジで記載されています。買う際の買収価格（売り手の際には売却価格）はこのレンジの中から検討・決定することが一般的です。

　3つの目の評価手法として採用されている簿価純資産法は純資産をそのまま株式価値とみなす評価手法のため、レンジ表記されていません。また、主たる評価手法ではないことから「（参考）」としています。

■図35　3つの評価手法ごとの価値を示したレポート

（単位：百万円）

評価手法	株式価値レンジ		
	Low		High
DCF法	1,300	～	1,500
類似会社比較法	1,300	～	1,500
（参考）簿価純資産法	1,000		

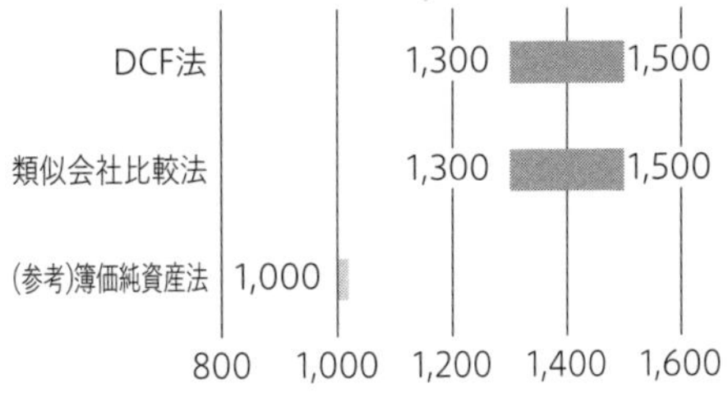

評価レポートのサマリーは、この事例の評価手法ごとの価格レンジの位置付けばかりではありません。以下では、評価手法ごとの位置付け、関係性が異なるケースも含めて、いくつか見ていくことにしましょう。

DCF法と類似会社比較法の評価結果が同値であり簿価純資産を上回る場合

（単位：百万円）

評価手法	株式価値レンジ		
	Low		High
DCF法	1,300	～	1,500
類似会社比較法	1,300	～	1,500
（参考）簿価純資産法	1,000		

簿価純資産法と他の評価手法との価値関係の一例です。

支配権獲得を目指したすべて（100%）の株式買い取り案件を前提とした評価であれば、DCF法と類似会社比較法が示す1,300百万円から1,500百万円のレンジから価格意思決定をすることになります。

ケース①のようにDCF法と類似会社比較法のレンジが一致または概ね一致しているということは、事業計画とDCF法のパラメータである割引率や永久成長率と類似会社比較法で使用した倍率の水準感が結果として、総じて同程度だったことがわかります。

仮にレンジ中央の1,400百万円で買収した場合には、簿価純資産との差額となる400百万円が、後述するPPA実施前の暫定的な広義ののれんになります。

DCF 法と類似会社比較法の評価結果が同値であり簿価純資産を下回る場合

（単位：百万円）

評価手法	株式価値レンジ	
	Low	High
DCF 法	800	～ 900
類似会社比較法	800	～ 900
（参考）簿価純資産法	1,000	

DCF法 ┃800 ▨ 900┃
類似会社比較法 ┃800 ▨ 900┃
(参考)簿価純資産法 1,000 ▨

600 700 800 900 1,000 1,100 1,200

　DCF 法と類似会社比較法の評価額が同じである点はケース①と同様ですが、評価額が簿価純資産を下回る場合には、少し注意が必要です。

　対象会社に資産の含み損失がないことを前提にすると、簿価純資産額以下で買収が成立すると、後に詳述する負ののれん（→第 5 章 16 項）が生じることになります。ケースバイケースではありますが、一般的には負ののれんは生じにくいと考えられていますので、ケース②のような構図になった場合には、DCF 法で使用する事業計画の見通しが保守的になりすぎていないかも含めて、計算方法やパラメータを再度確認してください。

　併せて、簿価純資産法の確認も行いましょう。評価対象会社の資産に含み損失はないか？　簿外負債はないか？　財務 DD レポートなどを参照しながら、資産・負債のより一層の検討を行いましょう。

　売り手側がこの評価レポートを入手した際には、例えば売り手が傘下の子会社やある事業を単独で売り渡す場合などは、売り手に売却損失の発生可能性があるので、価格交渉の際には配慮が必要です。

　なお、このケースを否定しているわけではありません。実務上も発生しますが、ケース②は注意した方がよい事例であることをお伝えすることが目的です。

両手法が簿価純資産を上回るが DCF 法が類似会社比較法より
低い場合

（単位：百万円）

評価手法	株式価値レンジ		
	Low		High
DCF 法	1,100	～	1,300
類似会社比較法	1,400	～	1,600
（参考）簿価純資産法	1,000		

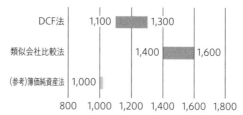

　DCF 法、類似会社比較法の両手法の評価額とも簿価純資産法を上回り、
かつ DCF 法が類似会社比較法の評価額を下回っているケースです。

　DCF 法の評価額が類似会社比較法よりも低い場合は、DCF 法で採用した
事業計画（特に計画期間の後半など）の利益または FCF の見込みが保守的であ
る、または割引率が高いなどの可能性もありえます。

　類似会社比較法の値に関しては、使用した対象会社の財務数値（EBITDA な
ど）が高い水準になっていないか？　上場類似会社から計算した倍率が高す
ぎないか？　などを確認するとよいでしょう。

　上記のように DCF 法と類似会社比較法のレンジに重なる部分がない場合
は、価格決定の難易度が上がります。買い手に発現可能な事業計画期間の特
に後半部分などにシナジーを考慮して DCF 法の評価額を上げるなどの対処
法もありますが、事業計画の上方修正は、買収後の減損テストなどにも影響
を及ぼすことになるので、慎重に検討した方がよいでしょう。

ケース④	類似会社比較法に30%のコントロールプレミアムを加算して調整した場合

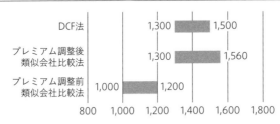

（単位：百万円）

評価手法	株式価値レンジ		
	Low		High
DCF法	1,300	〜	1,500
プレミアム調整後類似会社比較法	1,300	〜	1,560
プレミアム調整前類似会社比較法	1,000	〜	1,200

　類似会社比較法は、上場類似企業と対象会社を比較して価値を算出することから、「流動性のある少数株主目線」での評価といわれています。そこで、100％の株式買収を行う際の「流動性のある支配株主目線」の価値と平仄を合わせる必要があります。

　この2つの目線を評価手法に取り入れて適切に比較するために、類似会社比較法にコントロールプレミアムを加算することがあります。コントロールプレミアムは、案件や対象会社、業種ごとに異なる可能性もありますが、TOBプレミアムの近年の平均的な水準感として、評価額に＋30〜40％程度を加算するのが最近の標準的な水準でしょう。

　ケース④では、プレミアム調整後の算定結果が、DCF法の値と近似していますので、プレミアム調整前に比べて買収価格の検討が容易になりました。評価に何らかの調整がなされていると見受けられた際には、調整の実施内容、実施前後の数値の比較や差異額、調整した理由が明記されていると思います。記載がないときは、評価人に確認するようにしましょう。

ケース⑤ DCF法がプレミアム調整後の類似会社比較法を上回る場合

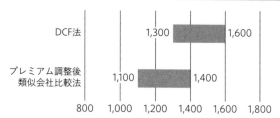

（単位：百万円）

評価手法	株式価値レンジ		
	Low		High
DCF 法	1,300	～	1,600
プレミアム調整後類似会社比較法	1,100	～	1,400

　コントロールプレミアムを調整した後の類似会社比較法の評価額より、DCF法が高い場合もあります。

　両手法の問題点を鑑みて再度確認したうえで、DCF法、類似会社比較法ともにその内容などに大きな問題点がない場合は、両手法のレンジが重なる1,300百万円から1,400百万円の間で価格を決定してもよいでしょう。

　その一方で、このケースでは、DCF法で採用している事業計画の成長性が高すぎないか？　事業計画の利益水準が過大（特に計画期間の後半）ではないか？　類似会社比較法では、採用している対象会社の財務数値（EBITDA）や倍率が適切であるか？　なども確認しておいた方がよいでしょう。上場類似会社の将来の成長性以上に対象会社の事業計画の成長性が見込まれる場合に生じやすい関係性です。

　なお、ケース⑤で両手法のレンジが重ならない1,400～1,600百万円での価格意思決定を否定しているわけではありません。支配権獲得を前提とした評価なので、DCF法を中心に考えても問題ありません。では、なぜ類似会社比較法を実施したのか？　という疑問が生じてくると思います。

　それは、DCF法の評価結果の適切性を検証するためです。DCF法も完璧な評価手法ではないので、他の手法で、その価値を検証する必要があるのです。

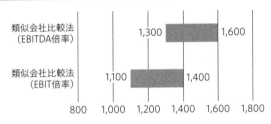

(単位：百万円)

評価手法	株式価値レンジ	
	Low	High
類似会社比較法（EBITDA倍率）	1,300 ～	1,600
類似会社比較法（EBIT倍率）	1,100 ～	1,400

　マイノリティ出資では、類似会社比較法のみを用いて価値評価を行うことがあります。類似会社比較法を採用しつつ、複数の財務数値を使用して価値を算出することもあります。実務上では、主要な財務指標として EBITDA が使用される頻度が高い傾向にあります。これは、EBIT に減価償却費とのれん償却などの非資金支出の費用項目を加算した財務数値である EBITDA が、キャッシュフローに類似していること、減価償却費やのれん償却額などの会計基準や会計方針の差異の影響を排除できることが理由として挙げられます。

　このケースでは、EBITDA と EBIT を採用していますが、この他に用いる財務指標としては、PER や PBR が使われることもあるでしょう。また、EBITDA にも実績や当期予想など時点の種類もあるので、比較検討することは可能だと思います。

　類似会社比較法のみを採用し、かつ EBITDA 以外の複数の財務指標を用いた評価結果が記載されたレポートを入手した際には、DCF 法の不採用理由に併せて、財務指標の採用理由、他の指標を不採用にした理由も質問するといいでしょう。

評価レポートの活用

DCF法を採用している評価レポートでは、次ページの図36のようなDCF法に基づく株式価値の算定経緯が記載されます。

評価レポートの依頼人（クライアント）の最大関心事にして、レポートの最重要情報は、最終的な株式価値で間違いないでしょう。結局、買おうとしている企業は、または売ろうとしている企業の価値はどれくらいなのか？　企業価値評価レポートの結論です。

評価レポートの徹底活用と着目点

結論に注目するあまり、多くの依頼人（クライアント）が評価レポートに記載されている有用な情報を見落としていると感じることもあります。

例えば、設備投資額や運転資本の増減額などに着目すれば、売買成立後の当面の間、どの程度のキャッシュアウトが予想されているかがわかります。レポートを読み込むことで、今後の運用に際しての資金手当てを類推することができるわけです。図36では、X1年度のFCFは336百万円で、X2年度は266百万円、以後順調にFCFが増加し、キャッシュを確保していけそうなことが読み取れます（❶）。

もちろん事業計画次第では、順調にFCFが確保できる案件ばかりではありません。FCFがマイナスの将来事業年度が発生するという情報は、資金が不足するので、非事業用現預金（余剰現預金）で手当が可能か、銀行などからの借り入れや買収成立後には買収企業からの資金手当ての必要などを検討する必要が生じます。

将来のPL計画（BS計画）に加えて、CF計算書まで作成している会社や案件はそう多くはありません。評価レポートの内容を確認することで、今後の対象会社に必要な対応などを予想できます。

■図36　企業価値評価レポートの例：DCF法

（単位：百万円）

			事業計画					継続価値
			X1年度	X2年度	X3年度	X4年度	X5年度	
売上高			18,000	19,000	20,000	21,000	22,000	22,220
売上原価			(9,300)	(9,400)	(9,500)	(9,700)	(10,000)	(10,100)
売上総利益			8,700	9,600	10,500	11,300	12,000	12,120
販管費			(8,000)	(9,000)	(9,800)	(10,500)	(11,000)	(11,110)
営業利益（≒EBIT）			700	600	700	800	1,000	1,010
法人税等相当額	実効税率	30.6%	(214)	(184)	(214)	(245)	(306)	(309)
NOPAT			486	416	486	555	694	701
減価償却費			400	500	600	700	800	808
設備投資額			(300)	(400)	(500)	(600)	(700)	(808)
運転資本増減額			(250)	(250)	(250)	(250)	(250)	(55)
FCF			336 ❶	266	336	405	544	646
継続価値	永久成長率	1.0%						9,228
割引期間（期央主義）			0.50	1.50	2.50	3.50	4.50	4.50
現価係数	割引率	8.0%	0.96	0.89	0.82	0.76	0.71	0.71
FCFの現在価値			323	237	277	310	385	6,527

事業価値	8,058
非事業用現預金	1,000
投資有価証券	500
企業価値	9,558
有利子負債	(2,000)
株式価値（100%）	7,558

10 評価レポートと会計監査

　評価レポートは、もちろん依頼人（クライアント）の利益のために作成されるものです。しかし、近年では、評価レポートが会計監査の一環として検証される機会が増えているように感じています。

　本項では、評価レポートが会計監査のレビュー対象となった際の留意点について述べます。

評価レポートが会計監査に利用されるケースも

　最近の会計監査では、買収完了後などに評価人から取得した評価レポートを監査の一環として検証することがあります。

　主な目的としては、M&Aをした監査クライアントの買収価格の適切性などをチェックをするためと推察されます。

　評価レポートの取得の有無だけをシンプルに確認するだけで済むようなこともあるようですが、会社独断ではなく、第三者目線も踏まえて客観的に買収価格を決めたのかどうかを判断するためでしょう。

高値買いは厳しい目でチェックされる

　最終的な価格決定は企業の意思決定事項ですが、会計監査では価格意思決定の内容や検討の経緯などが問われる可能性があります。

　評価レポートが示している価値レンジから外れた高値で買っている場合は、当然その理由について確認を求められるでしょうし、高値買いの懸念がある案件では、会計監査人は、早い段階で減損に言及してくる可能性もあるかもしれません。

　M&A関係当事者のさまざまな複雑な事情もあり、クライアントから評価

額を高めにしてほしいと打診されるケースも皆無ではないと思います。100の価値を101で評価することは実際にありえるとは思いますが、通常の評価であれば、あまりに現実離れした「数字づくり」に加担することはありません。

　不自然な調整が入っていたり、違和感のあるパラメータの設定がなされていたりすると、M&A当事者間や評価人との間では合意できたとしても、会計監査人などのまた別の第三者目線が入った際に、指摘を受ける可能性があり、問題点として追求されるかもしれません。複数のけん制機能は価格や評価に客観性を意識させます。

価値評価が示すレンジの妥当性と重要性

　レポートが示す価値レンジより安く買っている場合は、「お買い得だったからいいのでは？」という見立てや意見もあるでしょうが、把握できていないリスク、例えば含み損などの悪材料があって安く買えたのではないか？という疑念を抱くのが客観的な見方です。

　評価レポートを取得した際は、自分たちの意志決定に使用するだけでなく、後日になって、会計監査人他第三者の目に触れることもあります。少なくともレポートで示された価値レンジ内で価格決定をしておけば、評価レポートに問題がない限りとなりますが、後の説明もしやすくなることは留意しておいてください。

　ただし、さまざまな意見があると思いますが、評価レポートのレンジ外で価格が決まらざるをえない案件も存在します。このようなケース（レアだとは思いますが）では、最低限、レンジ外で決まった理由は残しておいてください。数年経ったり、担当者の変更・退職などがあったりすると、経緯が追えなくなってしまいます。

　会計制度の違いは、企業間比較において無視することができません。日本企業において導入が進んでいるのが、国際的な会計基準である**国際財務報告基準（IFRS）**です。国際的に統一された会計基準の必要性は 1970 年代から叫ばれていましたが、その動きが本格化したのは 2000 年代に入ってからです。

　現在、日本では IFRS の任意適用が認められていて、日本の上場企業は、連結財務基準諸表に関しては、日本会計基準、アメリカ基準、IFRS、そして IFRS を日本の現状に即して変更した J-IFRS（修正国際基準、JMIS とも）の 4 つの基準から選択できることになっています。とはいえ、一般的なのは日本基準、グローバルを志向する企業であれば IFRS ということになります。

　ここで問題になるのがコラムのタイトルにもある、「会計基準によって企業価値は変わるのか？」ということでしょう。

　差異がある場合は本書でも適宜説明していますが、日本基準と IFRS では会計処理の原則や規則において一部の違いが存在します。会計基準という "ものさし" が変われば、財務諸表の数値自体は変わります。しかし、これらの違いが CF に直接的な影響を与えることはありません。むしろ、企業経営における CF の獲得を投資家に対して適切に情報提供するためのルールが会計基準であり、将来 CF の獲得状態を示すために会計基準は存在しています。

　特に IFRS はその方向性が強く、取得原価主義会計を基礎とする日本基準も方向性を IFRS に合わせつつあるのが昨今のトレンドです。企業が稼ぐ CF はどの会計基準で測定しても同じであることから、原則として、会計基準の相違は企業価値に影響を与えないと考えています。

第 **5** 章

M&A 実施後の
価値評価 〜PPA

我が国の会計基準は、企業結合日以後 1 年以内に識別可能資産および負債を特定し、取得原価の配分をするよう求めています。

買収価格が純資産を超過する際の差額は、その全額を「のれん」として処理していたこともありました。最近は、IFRS 採用企業も増えており、無形資産については、IFRS などの会計基準と日本基準に大きな差異はないという認識が浸透しつつあります。会計基準の要請のみならず、M&A の成果の開示という時代の要請もあり、無形資産の重要性は高まると推察しています。

1　PPA とは？

　上場企業は、M&A の実施後、買収した企業が保有するブランド力や強固な顧客網、特許技術などの無形資産に具体的な金額を付して貸借対照表に計上することを要請されています。

　M&A 後の価値評価として行われるのが、PPA（Purchase Price Allocation）です。日本語では「取得原価の配分」と訳され、買収した企業の資産・負債の時価評価に合わせて、無形資産の時価評価額を貸借対照表に計上する会計処理を指します。

　ここから先は、主に上場企業をターゲットとした、買収後のテーマとなります。

無形資産を決算に計上する PPA

　日本基準採用企業では、無形資産を区別せず、「のれん」として一括処理してきました。しかし、2008 年の企業結合会計基準の改正により、従来の「できる」記載から、「求める」という記載に変わったことで無形資産の検討が義務付けられ、M&A 完了後 1 年以内に、買収した企業が持つ無形資産を決算書に計上する時代が到来しました。

　PPA、特に無形資産の計上は「M&A の可視化」ともいえます。同じ財務内容の確かなブランドを持つ製造業者とノーブランドの製造業者を同じ価格で買えるならば、確かなブランドを有している企業を買うのが当たり前の選択です。ブランドの有無、またはブランド力の強弱といった目に見えない無形資産を価値として評価し、決算に反映させることで、M&A の結果、成果を株主を含む様々なステークホルダーに知らせることができます。

■図37　PPA 実施のイメージ

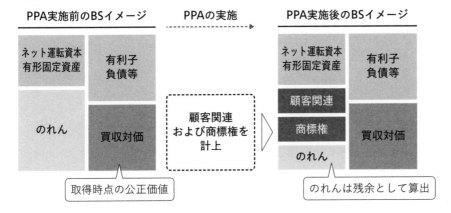

定性的な企業価値を定量化する手段

　無形資産の価値評価レポートを受け取る利用者（買収企業・無形資産評価業務の依頼人・クライアント）の立場として、最終的な数字だけでなく、計算のプロセスや根拠の重要な箇所をある程度は読み解く力があった方がよいでしょう。買い手企業としては、定性的かつ感覚的にしか認知し得なかった無形資産を数値化することになるので、買収価格の内訳を説明したような体裁を有したレポートになります。

　ただし、異論を唱える方もいると思いますが、無形資産価値評価の詳細なプロセスやロジックなどの詳細の把握までは、利用者側では必須ではないと考えています。無形資産の価値評価レポートを受領しても、評価結果と想定耐用年数（償却期間）を示す Executive Summary にしかほぼほぼ関心を示さない利用者もいます。無形資産の評価レポートの利用法としては誤っているわけではありません。ただ、評価に影響を与える重要な点や、評価の背景が事実と異なっていないかどうかだけは確認しておいた方がよいと思います。

2 PPA 実施のタイミングとプレ PPA

PPA は、企業結合日以降 1 年以内に完了することが求められています。早目に完了させたい企業がある一方で、実際には、クロージング直後の買い手・売り手とも多忙な時期を考慮し、M&A 完了の数カ月後にスタートする事例が多いと思います。

図 38 は、第 1 章 5 項に登場した「企業価値評価タイミングを加えた M&A のプロセス」です。❹が無形資産価値算定です。

PPA は、M&A のフェーズからいえば、クロージング後のポスト M&A にあたりますが、買収後の予算策定や、買収後ののれんや無形資産の償却負担などを検討するにあたって、無形資産が計上された場合の償却負担を含む費用インパクトを事前に把握しておきたいという要望が企業からあがることも少なくありません。

そうした要望に応えるのが、M&A の実行プロセスに合わせて売買成立前に簡易な PPA を実施する「プレ PPA」(図 38 の❸) です。プレ PPA とは通称になりますが、業界標準として使われている用語なので、ここでも同様の表現を使用していきます。

プレ PPA 実施時の留意点

M&A 完了後に行われる PPA では、企業結合日時点の財務資料や買収価格などを用いるので、確定情報に基づく精緻な無形資産価値の評価が可能になります。しかし、プレ PPA では、M&A 案件と同時進行するため、PPA で必要な固有の情報の入手について制約を受けることも多いです。

そこで、M&A に係る企業価値評価や各種 DD で入手した参考情報や、これまでの類似事例等を収集し、同業他社の無形資産事例などから類推することもあり、M&A 完了後の本番の PPA と比べると精緻な価値を算出すること

はできません。

■図38　プレPPAと本PPA

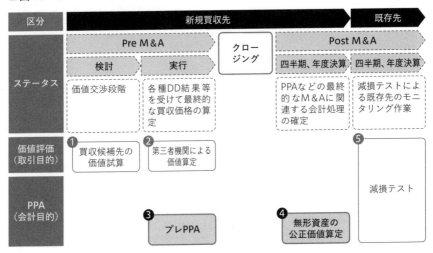

　プレPPAを依頼する際は、"プレ"という前提を認識し、本PPA（プレを実施する場合には、プレと明確に区別するため、❹のPPAを「本PPA」と呼びます）との違いや、あくまで簡易な試算値であることを理解しておきましょう。

　まず、発注の時点で、評価人との間でプレPPAの認識にズレがないように業務内容や評価結果の確度、成果物イメージなどをよく話し合っておく必要があります。用意できる資料やデータによって出てくる数値の精緻さと簡便さが決まるので、どの程度、本PPAに近いものができるのか、実施前の関係者間での打ち合わせなどで目線合わせをしておいた方がよいでしょう。

　プレPPAに要する業務量によっては、費用も変わります。予算、費用面からプレPPAの業務内容を決めるのもひとつの方法です。また、プレPPAの実施により、本PPAの作業の一部を部前倒しできることもあるので、プレPPAと本PPAはまとめて評価人に相談することが双方にとって効率的です。

　なお、大きな問題点のひとつがプレPPAと本PPAでの結論（識別した無形資産の種類・評価額・想定耐用年数）の相違です。評価に使用する情報の制約や評価のタイミング等、複数の要因が考えられるので、相違が生じる点は留意しておいてください。

3 無形資産とは何か？

　IFRS では、無形資産を 5 区分に分類して例示しています。

　図 39 は、無形資産の区分ごとの項目例を簡単にまとめたものです。IFRS の例示は標準的な定義として広く使われています。対象会社が持つ無形資産はこの区分や項目に従って検討され、該当する無形資産がある（無形資産の識別）場合には、その重要性等も勘案して価値評価（算定や測定と表現されることもあります）されます。

■図 39　無形資産の 5 区分

区分	項目
マーケティング関連資産	商標、商号、インターネット・ドメイン名、競業避止契約、意匠権
顧客関連資産	顧客リスト、受注残高、顧客との契約、顧客との関係
芸術関連資産	著作権、映像作品、ビデオ・テレビ番組、写真、楽曲、絵画
契約関連資産	有利な契約、ライセンス契約、フランチャイズ契約、許認可、リース契約
技術関連資産	特許権を取得した技術、特許権を取得していない技術、ノウハウ、企業秘密、ソフトウェア、仕掛中の研究開発費

　日本基準においては、法律上の権利などを分離して譲渡可能な「認識要件」を満たし、独立した価格として「合理的な算定可能性」を有する無形資産を**識別可能無形資産**として取り扱うこととなっており、以下の資産が例示されています。

産業財産権、（特許権、実用新案権、商標権、意匠権）、著作権、半導体集積回路配置、商号、営業上の機密事項、植物の新品種、ソフトウエア、顧客リスト、特許で保護されていない技術、データベース、研究開発活動の途中段階の成果など

　ただし、実務上は日本基準の例示だけではなく、IFRSの例示を参考に、識別可能な無形資産を網羅的に検討するのが一般的です。実務上の理解としては、会計基準における差異はないと思います。また、記載されている項目例はあくまで一例であると理解されています。

無形資産を計上する意味

　なぜ、無形資産を計上しなければいけないのでしょう？　国際化のあおりを受けてということもあると推察されますが、無形資産を財務諸表に計上することで、M&Aで買収した会社の状況や期待を数値をもって表すためです。投資家にとっても多額の資金を投下するM&Aの詳細な情報は有用でしょう。
　事例を用いて説明してみます。

事例　同じ買収対価の同業であるA社とB社では、ともに「顧客関連」および「商標権」が無形資産として識別・測定された。

■図40　同業A社・B社の例

【無形資産からの考察】

　図40は、A社B社それぞれのPPA後の貸借対照表に識別・測定された無形資産を反映させたものです。B社はA社と比べると「顧客関連」および「商標権」が少額です。このことから、A社は、B社に比して顧客基盤が厚く、商標の知名度なども高いことが推察できます。

　一方のB社は「のれん」が多額であり、外観からは、シナジーなどが相応に盛り込まれた買収対価だった可能性などが推察されます。少なくとも多額の無形資産を有していない様子は判断できそうです。

無形資産の傾向

　一般的に、コンシューマー向けのBtoCの製商品を扱う企業の「ブランド」はそれなりの価値が出る傾向にあります。対して、企業対企業（BtoB）のサービスや製商品を扱う企業は、顧客網や技術に価値を有している傾向にあります。業種や事業内容によってある程度傾向がありますが、事業内容をよく理解したうえで、買収した企業の強みである無形資産を数値化するのが専門家の仕事です。

4 PPA の進め方

　PPA（ここでは無形資産の価値評価に絞ります）開始の目安になるのが、クロージングBS（クロージング日の貸借対照表）を評価人に提供できるタイミングです。

　151ページの図41は、無形資産の価値算定スケジュールを示したものですが、評価業務開始から評価レポート提出までは、概ね3カ月ほどの時間を要します。買い手企業の四半期や年末年始決算や長期休暇などがスケジュールに含まれる場合には、その点も踏まえて、余裕を持って日程を調整した方がよいでしょう。特にスケジュールの後半に、思いの外時間を要することもあります。

　以下で順を追って、PPAの進め方・スケジュールを見ていきましょう。

1. キックオフミーティング

　キックオフミーティングでは、依頼人（クライアント）と評価人にて初期的な打ち合わせを実施します。開催時期に明確な決まり等はありませんが、M&A案件がクローズした直後ということはほぼなく、1カ月から数カ月経過の後に開催されることが多いです。

　稀にクライアントの会計監査人や会計監査人が登用する評価（PPA）の専門家も参加することもありますが、その際には、さらに事前にクライアントと評価人で打ち合わせを持ちます。

　キックオフミーティングでは、案件全体のスケジュール感や論点の整理、無形資産を計上したい決算期または四半期などを事前に打ち合わせます。

　なお、難易度が高かったり、後に会計監査人と議論になる可能性が高いと事前に予想される案件では、評価人が算定作業に入る前に会計監査人や会計監査人が登用する評価の専門家と事前打ち合わせをして論点を整理することも比較的多くの案件で行われています。

2．資料・情報等の入手

　キックオフミーティングが終了した後に、無形資産の価値算定で使用する資料依頼／質問リストが評価人から送付されてきます。こちらは別途項目を設けてあるので後ほど触れるようにします。

3．算定作業

　受領した資料や質問に対する回答をもって、評価人は算定作業に取りかかります。資料の提出・受領状況や案件の難易度、計算対象となる無形資産の数などにも拠りますが、評価に必要な資料・情報の入手から概ね3週間〜1カ月程度は要すると思います。

　算定作業が終わると、初期的な成果物として無形資産の評価結果資料（既に報告書形式になっていることもあります）を評価人から提出を受けます。報告会なども併せて実施され、評価の対象とした無形資産の種類や評価結果、想定耐用年数などが報告されます。

　記載されている内容に問題ないようであれば、評価結果資料を会計監査人へ提出することになりますが、何か違和感があったり、要修正点がある場合には、ここで評価人に伝えておきましょう。会計監査人に提出した後だと、修正・変更の理由を求められる可能性もあり、内容によっては説明に多少の手間を要する可能性もあります。

4．報告書の作成

　算定作業の終了時の成果物として評価人から「無形資産価値算定報告書」が提出されていれば、このプロセスは発生しません。算定作業で思いの外時間を要したり、また何らかの事情から早目に概算値や試算値の提出を評価人に要請した際には、報告書の提出を後から受けることもあります。

5．監査人のレビュー

　PPAの最後の工程は会計監査人のレビューになります。このプロセスは重要であるため、別途項目を設定して触れるように致します。

上記の1〜5工程をもって無形資産の作業が完了します。図41のスケジュールではクライアントと評価人の作業が混在してますが、「2. 資料・情報等の入手」に先立つ資料・情報の準備がクライアント側にとって最も負担のかかるプロセスだと思います。また、会計監査人の確認方法や無形資産の内容次第では、最後のレビュー対応に負担を強いられることもあります。この点を勘案すると、「1. キックオフミーティング」で言及した会計監査人との事前打ち合わせを開催した方が無難ともいえます。

■図41　無形資産価値算定手続終了までの流れ（例）

項目 ＼ 時期	20XX年								
	X月			X+1月			X+2月		
	上旬	中旬	下旬	上旬	中旬	下旬	上旬	中旬	下旬
1. キックオフMTG									
2. 資料・情報等の入手	A								
3. 算定作業				B		C			
4. 報告書の作成						D			
5. 監査人のレビュー									E

A) 資料依頼・質問事項リスト（→153ページ）を送付（評価人→貴社）
B) 必要に応じて対象会社へのインタビューを実施
C) 無形資産価値の計算資料を貴社へ提出
D) 無形資産価値算定報告書のドラフト版を貴社へ提出
E) 会計監査人のレビュー終了後、無形資産価値算定報告書のファイナル版を貴社へ提出

5 資料・情報等の入手

　価格決定のための企業価値評価業務と同様、無形資産の評価でも資料依頼と質問に回答するプロセスがあります。

できるところから随時対応しよう

　対象会社を取得した際の企業価値評価で入手した情報も利用しますが、PPA では特に固有の資料依頼が多く、わかりづらい質問項目も多いので、回答や準備には少し手間がかかります。

　質問への回答や資料の提出も同様ですが、基本的には可能な箇所から随時、適宜対応するスタンスがよいと思います。

　手元にない資料などは、必要性の有無などを評価人に問い合わせてみるのも有用です。代替案を打診してくる可能性もあります。

■図42　無形資産価値評価　資料依頼・質問リストの例

No.	日付	資料依頼質問	資料依頼 / 質問内容
1	20XX/XX/XX	資料依頼	対象会社の属する業界を分析した資料をご提供ください。
2	20XX/XX/XX	質問	対象会社の強み・バリュードライバーをご教示ください（例：強力な顧客基盤、ブランド力、定評のある技術・特許）。
3	20XX/XX/XX	質問	「別紙1 識別可能無形資産」に、対象会社が有すると想定される無形資産がありましたら、コメントと共に別紙1にご記載ください。
4	20XX/XX/XX	資料依頼	対象会社取得時の価値評価に使用した事業計画をご提供ください（PL計画、BS計画、CF計画、設備投資・減価償却費計画を含む）。
5	20XX/XX/XX	質問	上記の事業計画にシナジーが含まれている場合には、その内容と金額をエクセルデータなどでご教示ください。
6	20XX/XX/XX	資料依頼	本件取引に関連して入手した「株式価値評価報告書」および「財務調査報告書」「法務調査報告書」「ビジネスDDレポート」をご提供ください。
7	20XX/XX/XX	資料依頼	株式譲渡契約書をご提供ください（本件の取引価格とその他の条件の確認のためです）。
8	20XX/XX/XX	質問	対象会社が有する商標・商号をご教示ください。
9	20XX/XX/XX	質問	対象会社が有する商標権、特許、技術等につき、過去または現在において他社に貸与した事例がありましたら、その内容（ロイヤルティレートや契約書等）をご教示ください。
10	20XX/XX/XX	質問	対象会社が過去に従業員もしくは競合他社と締結した競業避止協定のうち、買収日時点で有効な契約がありましたら、その内容をご教示ください。
11	20XX/XX/XX	資料依頼	対象会社の過去5年間の顧客名と顧客別売上高に関する資料（顧客別売上高合計が過年度売上高と一致することが望ましい）
12	20XX/XX/XX	資料依頼	事業計画期間における顧客別売上高計画がありましたら、ご提供ください（顧客別が理想ですが、新規・既存の区分でも構いません）。
13	20XX/XX/XX	質問	対象会社の過去5年間程度の新規顧客の獲得活動に要した費用をご教示ください（新規顧客獲得活動に要する人件費、広告宣伝費の一部が該当します。従業員の新規顧客獲得活動に割く時間の割合等でも構いませんが、既存顧客の維持費用は除きます）。
14	20XX/XX/XX	資料依頼	対象会社の取得時に受注残がありましたら、その内容（受注先別の金額や受注概要、売上見込時期、今後の追加費用見込額等）をご教示ください。
15	20XX/XX/XX	質問	対象会社が評価基準日現在で有する営業許可、各種利用権等がありましたらその一覧をご教示ください。
16	20XX/XX/XX	質問	対象会社が評価基準日現在で有する契約につき、一般的な条件（取得日時点の時価）と比較して、有利または不利と思われる契約がありましたら、その内容と判断した理由をご教示ください。
17	20XX/XX/XX	質問	対象会社が有する技術の一覧をご教示ください。

6 PPA の当初の検討事項

　無形資産の評価では、評価対象会社へのインタビューのみならず、M&A の過程で入手した財務・法務 DD レポート、買い手側で案件を検討した際の社内資料も重要な参考資料になります。

無形資産の識別

　無形資産の評価人が最初に取りかかることは、どのような無形資産があるかを検討する「**識別**」という作業になります。識別は評価人の経験や知見で当たりをつけることもありますが、「買い手は買収した企業のどこに魅力を感じたのか？」という買い手企業の目線、対象会社を買った目的や理由が重要です。評価人は、買い手が感覚的にでも高く評価していた無形資産に注目しながら、具体的な無形資産の項目について、前述の IFRS の無形資産の項目リストを用いて網羅的に検討します。

　識別の際に重要なのは、「**契約・法的**」、「**分離可能性**」のいずれかの要件を満たしている必要がある点です。「**契約・法的**」要件とは、何らかの契約や法的に権利が担保されていることを示し、商号や何かしらの契約、権利などが該当します。「**分離可能性**」要件は、売却・譲渡・貸与・交換等が可能な資産のことです。申請中の特許権、顧客リストはこちらに該当します。

無形資産価値評価に使用する事業計画

　無形資産の評価では、買収価格を検討した企業価値評価で使用した当時の事業計画を改めて使用します。買収時の事業計画値に、対象会社が有する無形資産の利益への寄与や貢献が一定程度含まれているだろうという理由からです。

なお、近年では、買収時の事業計画そのものではなく修正計画を用いた事例もあります。PPAや無形資産評価業務の実施の前に会計監査人とよく相談のうえ、適切な事業計画を評価人に提供して、その内容や経緯を伝えておいた方がよいでしょう。

シナジーの区分

　無形資産の価値評価でもシナジーの扱いは重要です。買収時に事業計画値に加算したシナジーについて、内容や効果（売上・費用）に応じて、以下の①②に区分することから始めます。シナジーを考慮して買収した際には、評価人からシナジーを以下の2つに区別するよう依頼を受けることになります。

①市場参加者が享受できるシナジー（市場参加者シナジー）
②買収企業のみが享受できる固有のシナジー（固有のシナジー）

　①市場参加者シナジーとは、同業のどの買収者であっても実現可能なシナジーを指します。対して、**②固有のシナジー**とは、実際の買収企業だけしか実現・発現できないシナジーを指します。取得時の企業価値評価の際のシナジーの加算ではこのような区分は不要でしたが、無形資産価値を評価するうえでは、この2つにシナジーを区分することはとても重要です。
　買い手企業の事業所と買収された企業の事業所が近所にあり、事業所の統合が可能な状況だったとします。事業所の統合による費用の削減から発現するシナジーは、固有のシナジーに分類されるでしょう。特定の買い手企業の下でのみ発現するシナジーだからです。同業他社でも発現可能と判断できそうな明らかに高すぎる人件費や経費の削減や、同業他社でも同様に展開できそうな販売の拡大などは、市場参加者シナジーに区分されます。定義は簡単かもしれませんが、実際にシナジーを区分しようとすると悩ましいことも多いので、評価人と相談しながら整理してもよいと思います。シナジーの区分については評価人も悩むことがあり、事前に会計監査人に相談することもあります。

PPA レポートの見方①
全体感の確認

　一般的な無形資産価値評価レポート（PPA レポート）は、評価結果サマリー、無形資産の識別や定性的説明、評価手法や論点の説明、評価の具体的な数値や算出経緯などから構成されます。PPA レポートの利用者が主に使用するのは、サマリーに記載されている無形資産の価値評価結果と想定耐用年数になります。結局のところ、財務諸表に計上するにあたっては、この 2 つの情報しか使用しないからです。

　ただ、PPA レポートの中身も気になると思いますので、PPA レポートを読む際のポイントを簡単に紹介します。

評価基準日について

　PPA レポートと企業価値評価レポートの相違点のひとつが、**評価基準日**です。無形資産評価の評価基準日は、買収完了日（含むみなし取得日）となります。やや概念的ですが、評価基準日時点の純資産差額に含まれるのれん以外の構成物である無形資産を評価していることになります。そのため、評価基準日後の情報は原則的には使用しません。買収完了後に、事業計画と実績に乖離が生じてしまいそうだな……という状況でも基本的には考慮できません。買収日時点で対象会社が有している無形資産も含めてお金（買収価格）を払って買ったのだよね？　という立てつけです。

　企業価値評価では、買収を決定する取締役会の当日または前日以前を評価基準日として採用します。取締役会決議日からクロージング日までは相応の日数を要することが通例なので、両評価の基準日は異なります。

　無形資産の価値算定ではクロージング日を評価基準日とした買収価格の適切性も再検証します。そのため、企業価値評価と無形資産価値評価の評価人が異なる案件だと、両評価で使用する共通情報やロジックが異なる可能性が

あります。同じ評価人に両評価業務を依頼した方が問題点や論点が減り、おそらくはクライアントの費用と手間も削減できるでしょう。

各無形資産とのれんのバランス

　各無形資産の価値と、その残余として算出されるのれんの金額的な大小のバランスは確認してください。右肩上がりに業績を伸ばす見通しを持つ成長性の高い企業は、一概には言い切れない側面もありますが、新規顧客をこれから大量に獲得する見込みを有しているはずです。新規顧客に対する売上や利益などは、買収日時点には存在しない顧客なので無形資産ではなく、のれんに含まれるので、のれんが相対的に多額に算出されている方が実態と整合します。

　また複数の無形資産が評価されているPPAレポートでは、その無形資産ごとの金額的な大小もチェックしてください。例えば、評価対象会社が持つ技術を高く評価して買収したのに、技術の価値がその他の無形資産の価値より小さく評価されていたら、企業実態や買収者の見立てと乖離しているといえます。買収時の社内の検討資料や対外的なプレスリリースで、対象会社が高い技術を有している……というような記述がある場合などには注意すべき点のひとつです。

（ のれんの増加要因である繰延税金負債 ）

　無形資産が貸借対照表の資産の部に計上されると、税効果会計の影響で繰延税金負債が計上され、その分連動してのれんが増額する。無形資産の評価過程やレポートの主要な箇所では、税効果会計を考慮しないので、税効果会計適用を仮定したのれんの概算値をレポートに別記したり、別資料として添付したりすることがある。ただし、実際の繰延税金負債（負債のみならず繰延税金資産も）は、他の影響も受けるので、仮にレポートに参考として記載があったとしても、実際は異なる可能性がある点は留意しておきたい。

　前述のプレPPAレポートを参考に、買収対象会社ののれんと今後の償却費を含む費用計画を検討する際にも、繰延税金負債によるのれんの増額の影響（償却負担の増加）も忘れないようにしたい。

8 PPA レポートの見方② 留意点

　この項では、PPA に関する留意点について、PPA レポートを入手した利用者の視点を踏まえて紹介していきたいと思います。

公正価値と時価

　無形資産には、取得者にかかわらず同額が算出されるべきと考える「公正価値」の概念が期待されます。わかりづらい概念ですが、おおやけに正しい価値という文言なので、誰が取得者になっても正しい同じ価値が算出される必要があると理解していただいて概ね問題ないと思います。

　一方で、M&A で行われる売買価格は、価値の概念上「時価」とされていて、もしかすると他の買取企業では異なる価格で買収したかもしれない可能性があり、買う人によって価値が異なる可能性があります。あまり難しく考える必要はありませんが、無形資産の価値評価では、「公正価値」を求められるため、誰が見ても適切といえそうな、客観的な価値が求められる点は理解しておきましょう。

想定耐用年数と償却期間

　PPA レポートには無形資産が効力を発揮する年数として、計算上・理論上の想定耐用年数が記載されます。無形資産が創出する将来 CF の発生状況などから、想定耐用年数を概算した結果（レンジのケースもある）です。無形資産の有用な期間が計算によらずとも明確な場合は、その期間が記載されます。

　例えば、契約や法令等などで使用可能な年数が明示的である場合などが該当します。

計算上の想定耐用年数は、あくまで理論上の想定耐用年数ですので、そのまま無形資産の償却期間として買い手企業が採用してよいか否かについては議論があります。実際のところ、買い手企業と会計監査人との間で、PPA レポートに記載された年数を参考に議論して、決定しているようです。

　無形資産は抽象的かつ概念的な資産のため、耐用年数（償却年数）は議論になりやすい領域です。まずは買い手企業で主張や理由を固めることが先決となります。

9 PPA レポートの見方③ 連結の際の時価評価

　PPA は、本来的な意味合いでは、連結財務諸表の作成の際に、取得した会社の資産・負債（会計基準では、識別可能資産とか識別可能負債と表現されています）を時価評価して取り込むことです。有価証券や不動産や動産、在庫などの棚卸資産なども金額的重要性などに応じて、時価評価対象となる可能性があります。

　ここでの時価は、市場価格や公正価値を意味しています。有価証券で市場価格を有しているものであれば、企業結合日の証券市場で付されている時価を指しています。不動産であれば不動産鑑定評価額を付すことが実務上一般的であり、公正価値として捉えられます。

　他の資産・負債についても、簿価と時価（市場価格や公正価値）に乖離があれば時価評価をする必要がありますが、在庫や動産などは有価証券や不動産に比べると時価情報の入手が容易ではないので注意を要します。

無形資産計上における留意点

　無形資産の計上に伴って、連結上の一時差異として繰延税金負債が計上され、その分、のれんが増額します。

　図 43 の「全額のれんケース」ののれんは 500 百万円です。「無形資産 200 計上ケース」では、200 百万円の無形資産の計上に伴ってのれんは 300 百万円に減りそうですが、繰延税金負債の 60 百万円の分だけ増額し、360 百万円になります。計上期以降、繰延税金負債は無形資産の償却に応じて取り崩され、法人税等調整額にも影響を与えます。

　無形資産の償却は、EBIT（営業利益）の減少要因にはなりますが、当然ながら EBITDA は同額となります。

■図43 無形資産計上時の損益の比較

数値例の前提条件
- 純資産 500 の会社の 100% を 1,000 で取得
- 税率は 30%
- 無形資産計上ケースでは無形資産を 200 計上
- 無形資産計上金額の全額が一時差異と仮定
- のれん、無形資産の償却年数はいずれも 5 年
- 各期の売上総利益は 1,000

(単位:百万円)

全額のれんケース

対象会社 BS(連結修正仕訳後)

諸資産	1,000	諸負債	500
のれん	500	純資産	1,000

無形資産 200 計上ケース

対象会社 BS(連結修正仕訳後)

諸資産	1,000	諸負債	500
のれん	360	繰延税金負債	60
無形資産	200	純資産	1,000

各期の段階利益

	X1期	X2期	X3期	X4期	X5期
売上総利益	1,000	1,000	1,000	1,000	1,000
のれん償却費	(100)	(100)	(100)	(100)	(100)
無形資産償却費					
営業利益(税引前利益)	900	900	900	900	900
法人税等	(300)	(300)	(300)	(300)	(300)
法人税等調整額					
税引後利益	600	600	600	600	600

各期の段階利益

	X1期	X2期	X3期	X4期	X5期
売上総利益	1,000	1,000	1,000	1,000	1,000
のれん償却費	(72)	(72)	(72)	(72)	(72)
無形資産償却費	(40)	(40)	(40)	(40)	(40)
営業利益(税引前利益)	888	888	888	888	888
法人税等	(300)	(300)	(300)	(300)	(300)
法人税等調整額	12	12	12	12	12
税引後利益	600	600	600	600	600

無形資産を計上することで営業利益は悪化

税引後利益は同額

10 IRR・WACC・WARA の 3指標の整合性分析

　IRR（Internal Rate of Return；内部収益率）、WACC（Weighted Average Cost of Capital、加重平均資本コスト）、WARA（Weighted Average Return on Assets、加重平均資産収益率）の3指標は、無形資産価値を計算するうえで重要な指標です。通常、この3指標は概ね近似しますが、厳密にいうと、WARA が、IRR、WACC と近似するよう評価人が細かく調整しつつ設定しています。

　この3指標に大きなズレがある場合は、何かしらの問題点や売買価格が極端に割高だったり割安だったりする可能性を示唆しています。乖離がある際には評価人に確認しましょう。通常は、大きな乖離があると PPA レポートに理由が記載されたり、報告会で説明が行われます。

割引率の分析と各指標の概要

　少し難しい話にも踏み込んでおきます。

　無形資産を個々に評価する際には、無形資産のみならずすべての資産について、資産の特性（リスク・リターンから）に応じた収益率を設定する必要があります。資産ごとの収益率を加重平均すると WARA（加重平均資産収益率）が算出されます。資産ごとの収益率は、運転資本が最も低く、のれんが最も高いという資産の性質に応じて付与します。

　図44の「各指標の関係」の WARA とリスク・リターンをご参照ください。個々の収益率は WACC に基づいて設定され、無形資産は、WACC に一定のリスクプレミアムを加算します。これは、事業全体のリスク・リターンに比して、無形資産がより高いことを意味しています。無形資産に割り振られた収益率は割引率として、無形資産から生じる CF や利益の割引現在価値計算に使用します。

　IRR は、買収時の事業計画と買収総額から算出される対象会社への投資利

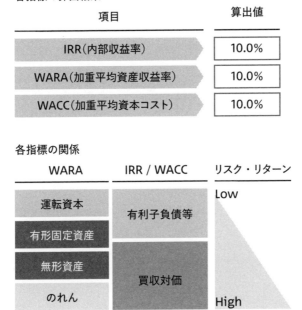

■図44　IRR（内部収益率）、WARA（加重平均資産収益率）、
　　　 WACC（加重平均資本コスト）の分析

各指標の算出結果

項目	算出値
IRR（内部収益率）	10.0%
WARA（加重平均資産収益率）	10.0%
WACC（加重平均資本コスト）	10.0%

各指標の関係

WARA	IRR / WACC	リスク・リターン
運転資本	有利子負債等	Low
有形固定資産		
無形資産	買収対価	
のれん		High

回りです。

　WACCは、企業価値評価で使用したものと同じです。ただ、無形資産の価値評価では、市場参加者の目線で価値評価されているか否かの客観性が、より重視されます。「市場参加者の目線？」という疑問を持つと思いますが、誰が計算しても、この対象会社やこの業界のWACCはこれしか考えられないよね、というとても客観的なWACCが求められます。ここでいう「誰」かは、実務上では、第三者という立ち位置から、会計監査人になりますが、基本的には投資家も含め広義に捉えるべきです。

IRR の重要性

　無形資産の評価開始時点では、事業計画と買収価格は既に決定しているため、この2つをもとにIRR（内部収益率）を逆算して算出できます。算出され

たIRRとクロージング日時点のWACCを比較することで買収価格の割高・割安感の分析が可能となります。

M&Aの価格検討の際に買い手が入手した企業価値評価レポートの株式価値レンジの範囲内で買収価格が決定されていれば、IRRとWACCの乖離幅は僅少となり、論点になることは少ないです。しかし、株式価値レンジの外側の価値で買収を行っていると、IRRの算出結果とWACCの比較から、買収価格の割高感・割安感が示唆されることになります。

■図45 内部収益率（IRR）分析例

（単位：百万円）

	事業計画期間					継続期間
	X1/12	X2/12	X3/12	X4/12	X5/12	
売上高	1,200	1,300	1,400	1,500	1,600	1,616
売上原価	(600)	(650)	(700)	(750)	(800)	(808)
売上総利益	600	650	700	750	800	808
販管費	(500)	(500)	(550)	(600)	(650)	(657)
営業利益(EBIT)	100	150	150	150	150	152
EBITマージン	8.3%	11.5%	10.7%	10.0%	9.4%	9.4%
法人税等相当額　税率 30.6%	(31)	(46)	(46)	(46)	(46)	(46)
税引後営業利益(NOPAT)	69	104	104	104	104	105
運転資本増減額	—	—	—	—	—	(3)
減価償却費	100	100	100	100	100	100
設備投資額	(100)	(100)	(100)	(100)	(100)	(100)
Free Cash Flow(FCF)	69	104	104	104	104	103
継続価値　永久成長率 1.0%						1,147
割引期間	0.50	1.50	2.50	3.50	4.50	4.50
現価係数　IRR 10.0%	0.95	0.87	0.79	0.72	0.65	0.65
FCFの現在価値	66	90	82	75	68	749

事業価値(＝FCFの割引現在価値合計)	1,130
余剰現預金	970
投資有価証券	100
投下資本	2,200

ここを逆算する。
他の箇所は、企業価値評価レポートなどを基礎に所与の数値となる。

11 超過収益法① 顧客減少率

　代表的な無形資産として挙げられるのが、顧客関連（無形）資産です。

　文字通り顧客との関係性であり、一般的には顧客リストのイメージですが、実務上は顧客との売買契約や保守契約などの何らかの契約に基づく「契約・法的」要件から識別されます。中長期的な関係性のある取引先や販売先を多数有しているような企業では、無形資産として計上されることになります。

　売買契約等がクロージング日時点（企業結合日時点）で終了していたとしても、取引先との関係性は継続することも多いことから「分離可能性」要件に基づいて、契約関係が終了している顧客も含まれると理解しておいた方がよいでしょう。

　一般的には、長期安定顧客を有している評価対象会社の顧客関連資産の価値は大きく、回転の速い単発の顧客を有している企業の顧客関連資産の価値は小さくなる傾向にあります。顧客減少率というパラメータが影響を及ぼします。

超過収益法とは？

　顧客関連資産の評価手法の代表格として、超過収益法があります。顧客関連資産の価値評価のみに使われる手法ではなく、評価対象会社が持つ主要な無形資産の価値評価の際に用います。顧客関連資産が主要な無形資産となる案件も多いため、顧客関連資産の評価方法として多くの評価案件で実務上採用されています。

　超過収益法は、運転資本・固定資産・人的資産も企業業績に貢献しているであろうという前提のもとで、この3つから生じる収益を控除した残余の超過収益が無形資産から生じていると考える手法です。超過収益法を用いた顧客関連資産の計算例は図46です。

■図 46　超過収益法による計算例

			実績	事業計画期間					計画延長期間		
			X0/12	X1/12	X2/12	X3/12	X4/12	X5/12	X6/12	X7/12	…
売上高	売上高成長率	1.0%	1,100	1,200	1,300	1,400	1,500	1,600	1,616	1,632	…
売上高残存率	顧客減少率	15.0%	100.0%	92.5%	78.6%	66.8%	56.8%	48.3%	41.0%	34.9%	…
既存顧客に帰属する売上高				1,110	1,022	936	852	773	663	569	…
EBIT マージン				8.3%	11.5%	10.7%	10.0%	9.4%	9.4%	9.4%	…
既存顧客に帰属する営業利益				93	118	100	85	72	62	53	…
商標権に係るロイヤルティ	レート	1.0%		(11)	(10)	(9)	(9)	(8)	(7)	(6)	…
新規顧客獲得費用	売上高比率	0.1%		1	1	1	1	1	1	1	…
既存顧客に帰属する修正営業利益				83	109	92	78	65	56	48	…
法人税等相当額	税率	30.6%		(25)	(33)	(28)	(24)	(20)	(17)	(15)	…
既存顧客に帰属する税引後修正営業利益				57	75	64	54	45	39	33	…
キャピタルチャージ											
運転資本	売上高比率	0.9%		(10)	(9)	(8)	(8)	(7)	(6)	(5)	…
固定資産	売上高比率	2.2%		(24)	(22)	(21)	(19)	(17)	(15)	(13)	…
人的資産	売上高比率	0.7%		(8)	(7)	(7)	(6)	(5)	(5)	(4)	…
既存顧客に帰属する超過収益				15	37	28	21	16	14	12	…
割引期間				0.50	1.50	2.50	3.50	4.50	5.50	6.50	…
現価係数	割引率	12.0%		0.94	0.84	0.75	0.67	0.60	0.54	0.48	…
既存顧客に帰属する超過収益の現在価値				14	31	21	14	10	7	6	…
割引現在価値合計		120									
償却率	年数	5.0		20.0%	20.0%	20.0%	20.0%	20.0%			
実効税率				30.6%	30.6%	30.6%	30.6%	30.6%			
割引期間				0.50	1.50	2.50	3.50	4.50			
現価係数				0.94	0.84	0.75	0.67	0.60			
節税効果の現価係数				0.06	0.05	0.05	0.04	0.04			
節税効果の現価係数計		0.23									
償却による節税効果の現在価値合計		37									
税効果考慮後現在価値合計		157									

計算例ではその他の要素も考慮しているので、見た目はなかなか複雑な印象を受けると思います。しかし、基本は DCF 法の発想です。

（　顧客減少率　）

　顧客関連資産を計算する際の重要なパラメータである。価値そのものと想定耐用年数（無形資産の償却期間）に大きな影響を与える顧客減少率は、無形資産特有の概念であり、一般的にイメージされる顧客減少率とは異なる。

　無形資産評価の実務では、評価対象会社の過去数年程度の顧客別売上高から顧客減少率を推計することが多い。

　顧客減少率が低いと顧客関連資産は高く、想定耐用年数は長めに、顧客減少率が高いと顧客関連資産は小さく、想定耐用年数は短めに計算される。

　また、顧客関連資産の価値に幾分か影響を与えるパラメータのひとつとして、「新規顧客獲得費用」がある。文字通り、新しい顧客を獲得するために投じる費用であるが、既存の顧客の価値を評価するためには、この費用を除外調整する必要がある。詳細な調整は評価人が実施するが、顧客減少率と新規顧客獲得費用は切り離して考える項目ではない。

　顧客の出入りが激しく、回転の速い顧客を有する企業は、顧客減少率は高くなるので、新規顧客獲得の営業活動に相応のコストを投じる必要がある。一方で、長期安定的な顧客を有している際には、新規顧客獲得のコストは低くなる傾向がある。

　顧客関連資産の大小や顧客減少率だけではなく、顧客減少率や新規顧客獲得費用などのビジネスの実態（既存顧客の剝落状況）が、PPA レポートと乖離していないかどうかは確認しておいた方がよい。

12

超過収益法②
キャピタルチャージ

　キャピタルチャージは、**超過収益法で使用する特有の指標**です。キャピタルチャージは、運転資本・固定資産・人的資産の3つから構成されます。

　誤解を恐れずにいうと、依頼人（クライアント）はキャピタルチャージの計算内容の理解や確認までは不要でもよいと思いますが、簡単に概要を説明しておきます。

キャピタルチャージとは？

● 運転資本

　営業活動から生じる、文字通りの運転資本です。無形資産の価値評価では、運転資本からも幾分かの収益が発生しているという前提があります。

● 固定資産

　固定資産も、企業収益への一定の貢献があるだろうと考えていることによります。固定資産は固定負債などとネット（相殺）した額を用いることが特徴のひとつです。固定資産は固定負債を利用して調達しているといった仮定が置かれています。

● 人的資産

　人的資産は、クロージング日（支配獲得日）時点の総人員を再構築した際の理論的な価値を用いますが、人財的な意味合いよりも、同じ陣容の総人員を再度雇い直し、同じレベルまで教育すると仮定したときのコストをイメージするとわかりやすいでしょう。人員をすべて雇い直す前提なので、採用費と教育研修費の2つの費用を集計して人的資産とみなします。具体的な採用費や教育研修費の詳細な額までについては、評価人の方ではわからないことも多く、クライアントまたは対象会社にて資料を作成することになります。

　なお、人的資産は、評価人から送付されてくるエクセルフォーマットに情

報を入力する形式で作成依頼を受けることになります。買収企業や評価対象会社でのエクセル作業が必要なので、時間を要する項目である点は知っておいてよいでしょう（→図47）。

人的資産はのれんの構成要素

　人的資産の価値は、顧客関連資産のように個別に貸借対照表に計上されることはなく、のれんに含まれます。

　「それならば、わざわざ時間をかけて準備する必要はないのでは？」と思われるかもしれませんが、のれんに占める人的資産の割合を見たり、超過収益法の計算要素として使用したりします。

　図46の計算例でも、途中で、3つのキャピタルチャージから生じる予想収益（貢献収益）が、既存顧客に帰属する税引後修正営業収益から差し引かれています。

■教育研修費とは、対象会社の総人員を再構築すると仮定した場合の費用です。
- アイドルタイム：業務未経験の人員を配置した場合に、現状の人員と同じレベルに達するまでの期間
- その他費用：採用した人員をトレーニングするために要する費用で、上司、研修講師の人件費、教材費などのコストのことです。

(1) 教育研修費

(単位：百万円)

職位別人員構成		一人当たり年間給与	福利厚生費・教育研修費率	人件費		教育期間	教育研修費小計	その他費用	教育研修費計
区分	人員数			年間	月間	アイドルタイムの月数		教材費・研修講師等の費用	
取締役	2	10	20.0%	24	2	1.0	2	−	2
部長職	4	9	20.0%	43	4	1.0	4	1	5
課長職	6	8	20.0%	58	5	2.0	10	1	11
社員	15	5	20.0%	90	8	3.0	23	3	26
契約社員	2	1	5.0%	2	0	3.0	1	−	1
パートタイマー	2	1	0.0%	2	0	3.0	1	−	1
計	31			219	18			5	44

■採用費とは、対象会社の総人員を再度雇用すると仮定した場合の費用です。
- 年間給与に対する採用費比率：人材紹介会社やヘッドハンターに対して紹介料として支払う、採用者の年間給与に対する割合のこと
- その他費用：求人広告などのコストのことです。

(2) 採用費

(単位：百万円)

職位別人員構成		一人当たり年間給与	年間給与に対する採用費比率	採用費小計	その他費用	採用費計
区分	人員数				広告等その他採用費	
取締役	2	10	30.0%	6	1	7
部長職	4	9	20.0%	7	1	8
課長職	6	8	20.0%	10	1	11
社員	15	5	10.0%	8	1	9
契約社員	2	1	5.0%	0	−	0
パートタイマー	2	1	5.0%	0	−	0
計	31				4	35

人的資産【集計】

(単位：百万円)

(1)教育研修費	(2)採用費	(1)＋(2)人的資産	人員数	人的資産／人員数
44	35	78	31	2.52

■図48 超過収益表で使用するキャピタルチャージの計算例

(単位：百万円)

		実績	事業計画期間				
		X0/12	X1/12	X2/12	X3/12	X4/12	X5/12
売上高		1,100	1,200	1,300	1,400	1,500	1,600
運転資本							
期首残高			330	330	330	330	330
増減額			–	–	–	–	–
期末残高		330	330	330	330	330	330
平均残高			330	330	330	330	330
平均残高／売上高比			27.5%	25.4%	23.6%	22.0%	20.6%
キャピタルチャージ	期待収益率 3.7%		12	12	12	12	12
キャピタルチャージ／売上高比			1.0%	0.9%	0.9%	0.8%	0.8%
キャピタルチャージ／売上高比	平均 **0.9%**						
固定資産（ネット）							
期首残高			400	400	400	400	400
設備投資額			100	100	100	100	100
減価償却費			(100)	(100)	(100)	(100)	(100)
期末残高		400	400	400	400	400	400
平均残高			400	400	400	400	400
平均残高／売上高比			33.3%	30.8%	28.6%	26.7%	25.0%
キャピタルチャージ	期待収益率 7.7%		31	31	31	31	31
キャピタルチャージ／売上高比			2.6%	2.4%	2.2%	2.1%	1.9%
キャピタルチャージ／売上高比	平均 **2.2%**						
人的資産							
人的資産		78	78				
人的資産／売上高比			6.5%				
キャピタルチャージ	期待収益率 10.0%		8				
キャピタルチャージ／売上高比			0.7%				
キャピタルチャージ／売上高比	**0.7%**						

13 ロイヤルティ免除法

　計上事例が多い無形資産に、**マーケティング関連（無形）資産**と**技術関連（無形）資産**があります。消費者に対して認知度の高いサービス・製商品を取り扱っている企業や、有用な特許権などを多数有する企業の買収を想像すれば、無形資産としての資産性を想像できるでしょう。問題は、その価値評価です。評価・数値化するための一般的な手法をご紹介しておきます。

法的に認められた商標・商号などのブランド

　ブランドは、法的に担保されている商標（商号なども）などを通して製商品の価格などに大きな影響を与えます。購買する消費者に直接的な関係があり、売上や利益確保にもつながるため、M&A 検討の際にも重視される要素で、無形資産としてはマーケティング関連資産に区分されます。

　評価対象会社にとって主要な無形資産である場合には、超過収益法の採用も検討できますが、ロイヤルティ免除法という評価手法が多く用いられています。仮に、他社から評価対象のブランドの貸与を受けたとしたら一定のロイヤルティ料を支払うことになるでしょう。

　ただ、そのブランドを持っている場合は、わざわざ他社から貸与を受ける必要はありません。そこで、支払いを免除されたと仮定したロイヤルティ料に基づいて評価するという立てつけです。図 49 の実際の計算例で確認した方がよいと思います。

　なお、ブランドなどの償却期間は一義的に決定することが難しく、会計監査人と議論になりやすい領域です。いつまでこのブランドの収益力が維持できるかを、現時点で想定するのはなかなか困難だといえば伝わるでしょうか。そのため、IFRS では償却期間が特定できない無形資産として扱われることもあります。

■図49　ロイヤルティ免除法によるブランドの計算例

（単位：百万円）

			事業計画期間					継続期間
			X1/12	X2/12	X3/12	X4/12	X5/12	
売上高			1,200	1,300	1,400	1,500	1,600	1,616
商標権に係るロイヤルティ	料率	1.0%	12	13	14	15	16	16
ロイヤルティ収入			12	13	14	15	16	16
法人税等相当額	税率	30.6%	(4)	(4)	(4)	(5)	(5)	(5)
税引後ロイヤルティ収入			8	9	10	10	11	11
継続価値	成長率	1.0%						102
割引期間			0.50	1.50	2.50	3.50	4.50	4.50
現価係数	割引率	12.0%	0.94	0.84	0.75	0.67	0.60	0.60
税引後ロイヤルティ収入の現在価値			8	8	7	7	7	61
割引現在価値合計		98						
償却率	償却年数	5.0	20.0%	20.0%	20.0%	20.0%	20.0%	
実効税率			30.6%	30.6%	30.6%	30.6%	30.6%	
割引期間			0.50	1.50	2.50	3.50	4.50	
現価係数			0.94	0.84	0.75	0.67	0.60	
節税効果の現価係数			0.06	0.05	0.05	0.04	0.04	
節税効果の現価係数計		0.23						
償却による節税効果の現在価値合計		30						
税効果考慮後現在価値合計		127						

特許技術の有効期間とは？

　M&Aのプレスリリースで、「高い技術力を買いにいった」と明記されている案件もあります。ブランドと並んで技術も比較的イメージしやすい無形資産でしょう。一般的には特許権などに裏付けられた技術が「契約・法的」要件を満たすことから識別されます。評価に際しては、ブランドと同様に、ロイヤルティ免除法の採用事例が多いと推察しています。

　技術について議論になりやすいのは、その有効期間（想定耐用年数・償却期間）です。対象会社が有する評価基準日時点（クロージング日時点）の評価対象の技術が永久に優位性を持ち、永久に収益を産み続けるという前提条件は、

外部の第三者の理解を得ることが難しそうなことは理解できると思います。

　そこで、技術が収益を産み出しそうな期間を有期で設定することになります。技術の特徴や特許の保護期間、技術を取り巻く環境の変化スピードなども勘案して、技術が徐々に陳腐化して、収益を産み出さなくなるまでの期間を、買収した会社（クライアント）や評価対象会社とともに検討します。10年かけて徐々に陳腐化する技術なのか？　進化が目覚ましく、従来の技術も瞬く間に更新されてしまうのか？　技術の特性や業界動向も踏まえる必要があります。

　技術の存続期間を、評価人単独で考えることはなかなか難しく、買収した会社や評価対象会社の率直な見解・意見が最も正解に近いと思われる領域です。可能であれば、評価人へ期間設定の参考になりそうな情報や技術のトレンドや動向を分析した資料・データなどを提供してもよいでしょう。会計監査人の確認を受ける際にも有用な説明資料となります。

　PPAレポートでは、記載された想定耐用年数が長すぎる、または短すぎるという観点から違和感の有無を確認してください。

14 会計監査人によるレビュー

　評価人から無形資産価値算定（「算定」に代えて「評価」の場合もある）報告書、通称PPAレポートを受領し、評価内容の説明などを受けたら、まずは、社内での確認作業が行われます。

　社内確認が完了すると、次は、会計監査人によるレビューへ進みます。レビューは、会計監査人にPPAレポートを提出した後、案件の複雑性等により多少変動しますが、概ね1カ月前後の期間を要することが多いです。

会計監査人のレビュー

　会計監査人のレビューでは、PPAレポートに基づいて、識別した無形資産の是非、無形資産の評価ロジックや計算内容など、想像以上に詳細なチェックを受けることになります。

　会計監査人側の役割分担としては、事業計画や事業内容に関連する領域は自社の監査チームが直接担当し、評価ロジックなどのテクニカルな領域は、自社の監査チームとは異なる監査法人内の価値評価・PPAの専門チームが担当することが多いです。

　PPAレポートを確認する中で生じた質問や必要な資料などをリスト化し、監査チーム・自社・評価人の間で、そのリストについて複数回のやり取りを実施します。さらに必要があれば関係者でのミーティングが開催されることもあります。事業計画やシナジーの内容などについて100問超の質疑応答がなされることもあり、PPAのプロセスの中では最も気を張るシーンです。

　なお、すべてのPPAレポートが確実に会計監査の対象になるわけではありません。案件内容や案件規模次第と推察していますが、のれんに関係する監査リスクの高い領域につき、レビュー対象になる確率はとても高いと考えてください。M&Aの実行確度が高まった際に、気になるようであれば会計監

査人にレビューの要否など聞いてみてもよいでしょう。

監査人からの質問事項の概要

　監査チームからの質問事項はビジネスそのものや、事業計画に関する内容が主となります。監査法人内の価値評価・PPA の専門家チームが作成する質問リストは、評価人に対するテクニカルな質問が中心です。

　評価人に対する質問は評価ロジックや計算内容に関連するものが多く、相当数となります。計算内容に係る細かな質問にクライアントが回答することはありませんが、質問リストに記載される質問の事例を挙げておきます。評価人向けのテクニカルな質問が多いことがご理解いただけると思います。

- 評価人の経歴と PPA の経験年数、経験した案件数
- 無形資産の識別理由
- 無形資産の評価手法の選定理由
- 割引率の計算方法や類似会社の選定基準
- 事業計画の内容やシナジーの分析内容
- 各資産の収益率決定の前提条件
- 顧客減少率の計算方法や根拠
- 技術やブランドの価値評価に使用したロイヤルティ料率の根拠
- WACC, WARA, IRR の各数値について、また乖離がある際にはその理由

15 のれんとは?

M&Aの頻出用語のひとつ、「のれん」について触れておきましょう。

のれんは、広義にはM&Aの際に発生する、買収された企業の純資産と買収金額との差額のことです。無形資産を計上すると、広義ののれんの一部が無形資産に振り向けられます。のれんが残余として算出されるという構造は、無形資産の計上いかんにかかわらず昔から変わっていません。

のれんを構成する要素

のれんは、**識別可能資産・負債の純額と買収金額から計算される差額**の概念で、直接的にその価値を計算できるものではありません。一般的には以下の要素などから構成されていると考えられています。

また、のれんには、新規顧客獲得によって見込まれる今後の収益や、新しいサービスや製商品の提供から得られる収益、固有のシナジーなどの期待値などが含まれます。

■図50　のれんの構成要素の例

要素	概要
シナジー	対象会社の有する顧客網のシナジー、マーケティングや流通網の共通利用などから生まれるシナジー
成長性	高い成長性、参入障壁に守られた将来の高い成長性、新しい地域への進出可能性など、新規の顧客や新しいサービスからの収益
人的資産	経験豊富な従業員など
組織力	コミュニケーションが活発で風通しのよい組織、機能的な組織など
プレミアム	高い買収プレミアム

のれんの償却期間

　無形資産の評価業務には、のれんの想定耐用年数（償却期間）の計算までは含まないので、PPA レポートに掲載されることはありません。ただ、業務スコープ外のご相談事項としてよく質問を受けるので、「**のれんの償却期間**」についてもここで少し触れておきます。

　のれんの償却期間は、原則としてその効果が及ぶ期間で設定するよう求められています。例外的に、投資の合理的な予想回収期間を参考にすることも許容されています。実務的には数値化・定量化して説明しやすい、理解されやすいこともあり、例外の方が広く利用されているとの印象を持っています。

■図 51　のれんの償却期間

	会計上のルール	考え方
原則	のれんは、資産に計上し、**20 年以内のその効果の及ぶ期間にわ**たって、定額法その他の合理的な方法により規則的に償却する（企業結合に関する会計基準 32 項）。	のれんは将来獲得できると期待される超過収益力である点を考慮すると、会計基準上、その超過収益力の効力が及ぶ期間にわたって償却していくことは、費用収益対応の原則を鑑みると通常の考え方であると考えられます。
例外	実務上、のれんの償却期間の決定にあたり、企業結合の対価の算定の基礎とした**投資の合理的な回収期間を参考にすることも可能**（企業結合会計基準および事業分離等会計基準に関する適用指針 382 項）。	のれんはそれ自体の価値を直接的に算定できるものではないため、**通常はその効果が及ぶ期間を見積もることは困難**であると考えられます。よって、会計基準では例外的に実務面を勘案し、投資の回収機関を参考にする方法を認めていると考えられます。

　参考までに、日本における会計基準の設定主体である企業会計基準委員会（ASBJ）の『のれんの償却に関するリサーチ』のデータを見ると、のれんの効果の発現期間を採用した会社と、予想回収期間を採用した会社は同程度となっています（図52）。予想回収期間については、投資金額と各年度の買い手に帰属する CF からの見積りになると思いますが、明確で画一的な計算方法はないため、議論になりやすい傾向にあります。

のれんの償却年数を決定する際に考慮する要因	回答社数
被取得企業が単独で、**より高い将来キャッシュフローを維持すると見込まれる期間**	6 社
取得企業と被取得企業の結合から生じる**シナジーが実現すると見込まれる期間**	6 社
投資の**予想回収期間**	11 社
識別可能な**主要な資産の耐用年数**	2 社
企業結合によって生じる繰延税金資産の回収見込み期間	0 社
その他	6 社
合計	31 社

効果の発現期間

※上記リサーチは ASBJ が日本企業ののれんの償却に関する実態調査を行う目的で、2014 年 11 月に日本企業 56 社に対して質問票を送付し、26 社からの回答を得て作成したものです。回答を受諾した 26 社は日本所在の大規模な多国籍企業であり、19 社が日本基準、3 社が IFRS、4 社が米国基準を採用しているとのことです。複数回答可にて集計。

■図 53　投資の回収金額

■適用指針では、「投資の回収期間」を参考にのれんの償却年数を決定することを許容しているが、具体的な計算方法については何ら規定していない。

● 実務上は、投資金額（買収金額）と各年度の投資の回収金額の累積値が等しくなる年度までを投資の回収期間とすることが一般的と考えられるが、「**投資の回収金額**」として、どの財務指標を採用すべきかが論点になると考えられる。

投資の回収期間の計算に使用する「投資の回収金額」には、どの財務指標を採用すべきか?

■買い手に帰属するキャッシュフローを用いることが最も望ましい。

● ただし、以下を理由として、代替手法としてEBIT（≒営業利益）から支払利息と税金相当額を控除した「親会社株主に帰属する当期純利益相当額」を使用することも許容されると考えられる。

✓ 価値評価には、エンタープライズDCF法を採用することが多く、買い手に帰属するキャッシュフローはもとより、各年度の当期純利益を精緻に計算しているケースはあまり多くない。

●「親会社株主に帰属する当期純利益相当額」については、必要に応じて非支配株主に帰属する当期純利益を控除する。

16 負ののれんと無形資産

　識別可能資産と負債の純額（純資産）に比べて支払対価が大きいと「のれん」となりますが、反対に支払対価の方が少額だと「**負ののれん**」になります。

　負ののれんは、買収した企業の将来の収益率が低く見積もられている場合、資産が過大評価または負債が過小評価されている場合などに発生することがありますが、その他にもさまざまな事情から発生する可能性があります。簡単にいうと、純資産額と比べて安く買えたということですが、通常は非常に稀な取引なので、負ののれんが生じそうな際にはいくつかの注意点があります。

負ののれんの検討と処理

　のれんは資産計上され、毎期定額償却されるのに対し、負ののれんは発生した時点での利益として計上されます。つまり、負ののれんが発生している状況下で無形資産を計上すると、負ののれんはさらに同額が合わせて増加することになります。

　負ののれんが生じた場合、会計基準では以下の検討をすることを求めています。

(1) 取得企業は、すべての識別可能資産および負債が把握されているか、また、それらに対する取得原価の配分が適切に行われているかどうかを見直す。

(2) (1)の見直しを行っても、なお取得原価が受け入れた資産および引き受けた負債に配分された純額を下回り、負ののれんが生じる場合には、当該負ののれんが生じた事業年度の利益として処理する。（企業結合に関する会計基準 33 項）

ケース①
買収時点での時価評価

連結BSイメージ

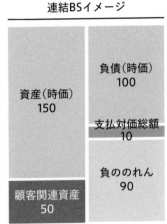

ケース②
PPAを実施し、無形資産を計上した場合

連結BSイメージ

　上記のように、負ののれんが生じる場合、資産負債の配分（アロケーション）が適切かどうかを見直すことが求められています。

　これは、資産・負債の時価の差額よりも支払対価が低いという状態は、会計上とても特殊な状況であり、大げさにいうと、ありえない状況と考えられているためです。

　図54のケース②を見ると、負ののれんが生じる状況で、さらに無形資産を計上すると、負ののれんがさらに増加します。

　M&Aにおける負ののれんは、「安く買えたからいいじゃないか」という損得勘定では完結せず、対外的に負ののれんが生じた根拠やその合理性について十分に説明できるようにしておく必要があります。負ののれんが増加する理由だけではないとは思いますが、負ののれんが発生する際に無形資産の計上を同時に行うような事例はかなりレアケースでしょう。

　ただ、負ののれんを計上した決算期では、その分増益となりますが、翌期以降は無形資産の償却負担が発生するので、トータルで見た損益は同じになるともいえます。

PPA の無形資産価値評価は誰に依頼すべきか？

　無形資産価値評価の実務は、日本基準を採用している上場企業にも一般化しつつあります。ただ、M&A 関連の価値評価の中では概念的にもわかりづらく、計算構造も複雑で、企業内で実施するケースはあまりないと思います。価値評価の専門家の対応が必要な業務であるものの、PPA の実務経験を豊富に有する専門家は日本国内ではそう多くはないのが実情です。

　M&A の増加に伴って、FA などのアドバイザー領域のプレーヤーは増加傾向にあります。売買完了までのすべてのフェーズでアドバイザーが実務をサポートしてくれるように見えますが、実際はマッチングを得意とする M&A の仲介会社が多く、各種 DD や企業価値評価などの実務に関しては別途専門家を手配しなければいけないケースがほとんどです。
　また、企業価値評価業務を提供する FA も存在しますが、PPA にはタッチしてきません。

　無形資産の評価結果は、上場企業の決算書に直接関わります。そのため、監査法人内の評価・PPA の専門チームが無形資産価値算定報告書の数値のみならず計算内容まで細かくレビューをしてきます。レビューに対応するためには、PPA を行う専門家は、会計監査人とある程度共通の認識と理解を持ちながら評価に当たらなければいけません。結局のところ、会計監査人に理解を得られない自己中心的な無形資産価値評価は何の意味もないからです。

　無形資産価値評価の経験がある人材がまだまだ少ない現状ですが、企業価値評価を専門とする評価人が、その一環・延長戦として、無形資産評価（減損テストも含む）を担当する方が時間的・費用的にも理想的だと感じています。
　PPA は、IFRS や米国基準では既に一般的な実務ですので、PPA の専門家の拡充が、日本企業を世界基準にアップグレードするための喫緊の課題といえるかもしれません。

第 **6** 章

M&A 実施後の
価値評価 〜減損テスト

固定資産やのれんなど資産の価値が減少した際に損失を計
上する減損処理は、M&A後も含む一連のM&Aプロセスの中
で、「行わないで済むなら行わない方がいい」項目です。

しかし、かつてのリーマンショックや、直近のCOVID-19のパ
ンデミックによる経済的打撃など、M&Aの検討時・実行時に
は思ってもいなかった外的要因によって減損の検討を余儀な
くされるような状況は、今後も十分にありえるでしょう。

減損テストは、厳密には買収時の企業価値評価と同じ評価で
はありませんが、広義には、買った企業の価値の毀損、すなわ
ち将来CFが落ち込むという事象を財務諸表に表すと捉えても
よいと思います。

企業価値評価の書籍の最終章としたのには2つの意味があり
ます。1つは、CFの現在価値にて資産価値を測るという近年
の、かつ国際化しつつある会計的な思考を背景として、減損テ
ストも企業価値評価と共通の要素が多く含まれていること。そ
してもう1つは、M&Aの成果を測るという意味では、減損テス
トは最終的な企業価値評価に当たるという位置付けからです。

この章では、減損テスト実施に必要な価値算定の実務、論点
となるポイントなどを紹介します。

1 減損テストとは？

「減損テスト」は、日本基準の正式な会計用語ではありませんが、減損の検討をするという意味で広く使われています。すなわち、固定資産やのれんなどの資産の価値が減少した場合に、その減少分を損失として計上するという会計処理です。新聞紙上を時折賑わせることのある言葉なので、ご存じの方も多いでしょう。

買収後に生じる減損とは？

M&A で買収した企業が保有する資産の収益性の低下により、投資額の回収が見込めなくなった状態となり、回収可能性を反映させるよう帳簿価格を減額する会計処理が減損です。企業価値の観点からは、買収時に期待していた価値を実現できないことが明らかになった時点で、価値の毀損を買収で生じたのれんを含む資産から減額し、減損損失として計上することです。

減損テストは、会計基準により多少の定義や測定方法の相違はあるもの

■図 55　減損処理のイメージ

減損処理前		減損処理後	
流動資産 50	流動負債 30	流動資産 50	流動負債 30
	固定負債 30		固定負債 30
固定資産 50	純資産 40	固定資産 30	純資産 20
		減損損失 ▲20	特別損失の計上による資産減▲20

注：税効果は省略

の、企業価値の観点からは、買った会社を減損テストの基準日で再評価することと概ね同義と考えることができます。

　M&Aでは、対象会社の今後の業績の進展を期待して買収を実行するのが通例です。しかし、ビジネスは思惑通りに進むことばかりではありません。思惑が外れ、当初期待したような業績に届かないと、買収した会社の価値が下落したといえます。買収当時の企業価値と、買収後の企業価値を比較することで、買収した企業の価値の下落幅が明らかになります。なお、厳密には、減損損失の測定は会計基準ごとにルールがありますが、詳細な説明は割愛します。

〈 KAMの導入で減損にも厳しい目が 〉

　監査報告書に特に重要と考えるKAM（→42ページ）を記載することが必須となった。見積りの要素が強いこともあり、のれんや減損など価値評価に関連する事項はKAMの対象になりやすい。特に、多額ののれんは、ほぼKAMの対象になるといっても過言ではないだろう。

　評価の妥当性が問われるのれんは、超過収益力として表現されているが、のれんそのものの価値を直接的に測定することは困難であることからその価値には疑念を持たれやすい。また、のれんの評価には経営者の見積りや判断などが介入することから、会計監査人も鋭意検討する。

IFRS と日本基準の相違点

　IFRS では、年 1 回の減損テストの実施が義務付けられています。日本基準では、減損の兆候がある場合など必要なときにのみ実施されます。つまり、IFRS では定期的な減損テストが行われ、日本基準では減損の兆候がある場合というシチュエーションでのみ減損テストが実施されるという相違があります。

　減損損失の計上は、IFRS では営業損益に含めて計上し、日本基準では原則として特別損失とするなど、いくつかの相違はありますが、価値評価という性格を有している点は共通と感じています。

■図 56　会計基準による減損の相違

項目	日本基準	IFRS
減損の兆候がある資産の識別	• 判断の目安となる具体的な数値基準例がある	• 基準はない
減損損失の認識と測定	• 割引前将来キャッシュ・フローと帳簿価額を比較して減損の有無を判定する • 帳簿価額を回収可能価額まで引き下げて減損損失を計算する	• 減損の兆候がある場合には、帳簿価額と回収可能価額を比較し、回収可能価額が帳簿価額を下回る場合には、その差額を減損損失とする
減損の計上	• 原則として、特別損失として計上する	• 営業損益に含めて計上する
減損テストの頻度	• 減損の兆候がある場合のみ	• 最低年 1 回

参考：「日本基準と IFRS との相違点－減損における会計処理 Vol.8」GLOBIS https://globis.jp/article/56799 をもとに作成

割引率の相違

　IFRS と日本基準では、使用する割引率の概念が多少異なります。**IFRS も日本基準も税引前割引率の使用が求められていますが、IFRS では、税引後割引率も許容**されています。

　割引率の税引前・税引後の概念について少し触れておきます。

　税引前・税引後とは、税金の支払いの有無を示しています。これまで登場した WACC は、基本的には税引後の概念です。WACC の計算では、構成要素である負債コストに（1−税率）を乗じて負債コストを税引後に変換しています。

**　負債コスト（税引後）= 税引前負債コスト ×（1−税率）**

　日本基準では、WACC そのものを（1−税率）で割り返したものを使用するよう定義されています。日本基準では、税引前割引率を簡易に計算できるよう、このような算式を許容していると考えています。

　なお、税引前割引率と平仄を取るために、使用する FCF も税引前を用います。

　IFRS でも税引前割引率を使用するという記載はあるものの、実務上は、税引後割引率を用います。税引後の割引率を用いるので、FCF も税引後の FCF を使用します。すべての計算を税引後で行う IFRS は、企業価値評価の実務と整合性があるので、評価人にとっては馴染みやすいです。

　ただ、IFRS 適用企業でも、税引前割引率を有価証券報告書で開示することがあります。この場合、税金等控除後 FCF と税引後割引率をもって算出された価値をもとに、税引前割引率を逆算します。FCF は税引前（税金等控除前）を使用するなかで、税引後と税引前の価値を一致させることがポイントです。

　Excel などの表計算ソフトには、数値を逆算できる**ゴールシーク機能**が盛り込まれているので、こちらを使うと便利でしょう。

3 減損テストの進め方

日本基準での減損テストの具体的なプロセスは下記のようになります。ここでは企業価値との関連から減損テストに触れることが目的ですので、詳細は会計基準や専門書籍に任せ、簡単な概要の記載のみにとどめておきます。

減損テストのプロセス

STEP1 固定資産のグルーピング

減損テストの対象となる固定資産を、概ね独立した CF を生み出す最小単位にグルーピングします。のれんの減損を検討する際には、のれんを含むより大きな単位でこの先の判定を行うことになります。

また、のれんの帳簿価額を資産グループに配分する方法もありますが、グルーピングの問題に評価人が踏み込むことはないでしょう。

STEP2 減損の兆候の把握

経営環境の著しい悪化や営業活動から生じる損益、または CF の継続的なマイナスなどの業績悪化などの内外部情報をもとに、STEP1 で分類された資産また資産グループに減損の兆候があるかどうかを判定します。減損の兆候が認められる場合は、STEP3 に進みます。

なお、最近は多額ののれんを有しているだけで兆候ありと判定される事例が増えています。

STEP3 減損の認識の判定

帳簿価額と割引前将来 CF の総額を比較します。割引前将来 CF の総額が帳簿価額を上回る場合には、減損損失の測定は不要です。

割引前将来 CF の計算期間ですが、20 年が 1 つのキーになります。20 年を

超えて使用が見込まれる資産については、20年経過時点で生じるその後の
CFの現在価値も含めて検討します。ここは企業価値評価の継続価値（ターミ
ナルバリュー）の計算と概ね同様です。

STEP4 減損損失の測定

　減損損失を認識すべきと判定されたら、回収可能価額が帳簿価額を下回る
場合は、回収可能価額と帳簿価額との差額を減損損失として計上します。

　回収可能価額には、今売った場合の価値（正味売却価額）と、使い続けたと
きの価値（使用価値）という2つの考え方があります。2つのうち高い金額の
方を回収可能価額とします。

　正味売却価額が使用価値を上回る際には、その資産を持ち続けることな
く、売ってしまうことに経済合理性があります。逆に、使用価値の方が高い
場合には、その資産を処分するより使い続けた方が経済合理性に適っていま
す。M&Aで買った会社を対象とする際には、使用価値の方が高くなること
が普通です。

■図57　減損処理のチャート

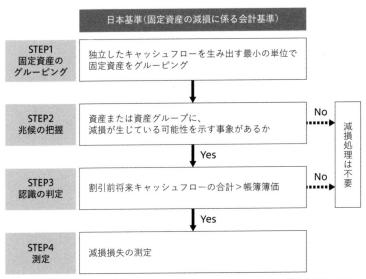

参照：新日本有限責任監査法人『こんなときどうする？　減損会計の実務詳解Q&A』（中央経済社）をもとに
作成

以上のステップを経て、減損損失を計上することになります。

　STEP4の減損損失の測定、特に使用価値の計算は、企業価値評価と似ていることが理解できたと思います。

減損テストに用いる事業計画

　減損テストにおける事業計画の重要性は後述しますが、対象会社の将来見通しを表現する事業計画は、減損テストでもとても重要な位置付けです。

　日本基準では、STEP3で割引前CFの総額と帳簿価額との比較をします。割引前CFの総額計算では事業計画を用います。

　ここで使用する事業計画は、基本的には買収時の事業計画を基礎とするものの、減損テストの実施日（基準日）に即する必要があります。減損を検討せざるをえない状況では、何らかの業績の悪化が見込まれています。そのため、買収時の事業計画をそのまま使うことはできず、その悪化影響を織り込むので、現状に見合ったような下方修正を余儀なくされます。難しいことは承知の上ですが、買収時の事業計画から下方への業績推移が見込まれる際には、早目に改善策などの手を打っておきたいものです。

　日本基準でSTEP4の減損損失の測定に入ってしまうと、計算の構造上、ある程度纏まった金額が減損損失として計上されてしまい、「減損損失を軽微な金額で……」というのはなかなか難しいです。仮に今年度はステップの前半で減損損失の計上を回避できたとしても、経営状況が改善されない限りは翌期も同じような状況に陥ってしまいます。もしかすると、翌期には減損損失がさらに拡大してしまうような可能性すらあるかもしれません。

4 減損テストのスケジュール

会計基準によって減損テストの実施タイミングは異なります。再度、M&Aにおける企業評価の登場タイミングを示した図を見てみましょう。減損テストは、買収が完了し、無事に経営統合も終わり、子会社として稼働した後のタイミング❺で行われます。

■図58　企業価値評価タイミングを加えたM&Aのプロセス

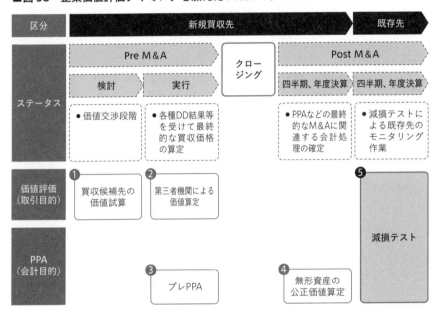

想定以上に準備と時間が必要なケースも

減損テストについては、すべて社内で自製する企業がある一方で、すべて評価人に外注する企業もあります。また、その中間として、業務を分担する

こともあります。

　海外企業を対象とする場合、特に新興国では、株式市場や国債利回り、インフレ率など評価に必要な市場情報が短期間で大きく変動する可能性があります。計算もやや複雑になることも多く、割引率のみ評価人に依頼する企業や事例もあります。

　いずれのケースにせよ、評価人に減損テストのサポートを依頼する際には、まずは減損テストの概要を説明する必要があります。企業によっては複数の評価人から相見積りを取って、稟議を上程するなど事務負担や時間を要することもあります。割引率の算出だけを評価人に依頼するとしても、評価人の作業期間に加えて、評価人が提出してきた割引率を社内で検討する時間も必要なので、多少の余裕を持ってスケジュールを設定しておいた方がよいでしょう。

　期末時期もしくは期末直前などに会計監査人から減損テストの検討を要請を受けることもあると思います。買収企業の業績悪化の様子を社内のモニタリングで感じ取った際には、業績回復策とともに、念のため、減損テストの進め方も考えておいた方がよいかもしれません。

　減損テストについては、評価人に頼らず社内で検討する企業も多くあります。社内ですべて完結できる際には問題ありませんが、別途外部の評価人から割引率だけのレポートで構わないから入手してほしいと会計監査人から要請を受ける事例もあります。

5 減損の"兆候"とは？

　日本基準では、減損の兆候がある場合に減損テストが実施されます。会計基準に減損の兆候として記載されているものは以下の４つです。

①資産または資産グループが使用されている営業活動から生ずる損益またはCFが継続してマイナスとなっているか、あるいは、継続してマイナスとなる見込みであること
②資産または資産グループの使用されている範囲または方法について、当該資産または資産グループの回収可能価額を著しく低下させるような変化が生じたか、あるいは生ずる見込みであること
③資産または資産グループが使用されている事業に関連して、経営環境が著しく悪化したかまたは悪化する見込みであること
④資産または資産グループの市場価格の下落

　４つのうち減損の兆候としてわかりやすいのは①で、営業活動から生じる損益、CFが概ね２年継続してマイナスが見込まれている場合などが該当します。「営業活動から」という指定があるので、通常の営業活動とその活動のために生じる収益・費用を含めたものに限り、借入により生じる財務費用や一時的、臨時的な収入・損失は含まれません。
　また、「継続してマイナス」の説明として「概ね過去２期」とされています。２年がいったんの目安にはなりますが、前期にマイナスが発生しており、当期も通年を通してマイナスの可能性が高くなっているケースでは、その時点で２年は経過していなくとも減損の兆候ありと判断されることもあります。

注意しておくべきこと

　注意すべきは、企業会計基準適用指針第 6 号「固定資産の減損に係る会計基準の適用指針」の 76 項です。

　「……多額のプレミアムが支払われたため（略）のれんやのれん以外の無形資産に配分された金額が相対的に多額になるときには、減損の兆候があると判断される場合もある。」といった曖昧な記載ですが、①〜④の例示に該当していなくとも、多額ののれんや無形資産が計上されているだけでも減損の兆候があると判定されることもある点は注意しておいた方がよいでしょう。M&A を実行しただけで兆候ありとなるので、実行した当期から KAM に記載される可能性もあります。

6

減損を防ぐためには

減損は本来避けたい事態

　損益計算書で減損損失を通して資産価値（買った会社の価値）の下落分を可視化・数値化するものですが、誰も M&A 後に減損をしたくありません。

　減損を防ぐためには、①高値買いしない、②買った後にしっかりと会社を管理する。聞くに足らずの 2 点ですが、この 2 点が最大の防止策であり、他に対処法はありません。

① 高値買いしない

　高く買えば、その分減損リスクは高まります。高値買いの要因のひとつとして、買収時の企業価値評価の検討不足が挙げられます。不測の事態が要因となる場合もありますが、業績見込みに関する検討が足りなかった、買収時の企業価値評価で使用したパラメータの設定が甘かった（主にリスクの取込不足）、ことも挙げられます。なかでも事業計画の検討不足の事例は多く、売り手が主張してきた事業計画を鵜呑みにしたり、過大評価したり、実行の難しいシナジーを織り込んだりしてしまったことなどが絡み合って、結果として高値買いになってしまうことがあります。特に、買い手が前のめりの姿勢で進めた案件などが当てはまりやすいです。

　減損を防ぐためには、最初の入り口での十分な検討が必須です。ただ、将来のリスクをすべて予見することは不可能なので、じっくりと慎重に検討したとしても一定程度のリスクは残ってしまいます。できることとしては、M&A 案件の検討段階で何がリスクかをよく理解しておくことです。ピカピカの案件ばかりではありませんので、これから買おうとしている会社のどこにどのような問題点やリスクがあるのかを理解しておくだけで、万が一の際には手が早目に打てると思います。また、難しいところですが、買収金額の

上限を設定するなどして、無理な買い物を避けるような術も有用かもしれません。

② 買った後にしっかりと会社を管理する

　買収時の事業計画を業績管理指標とし、また、シナジーを織り込んでいた際には、然るべき時期にしっかりと実現させることに尽きます。

　シナジーの発現確率を高めるためには、案件の検討時に、買い手側でシナジーたりうる項目をできるだけリアルに、できるだけたくさん考えて、定量面（金額）まで落とし込み、効果の始まる時期と、効果の続く期間まで検討することです。多くのシナジーを見込むことは重要ですが、買収時の企業価値評価にすべてのシナジーを含めてしまうと、シナジーの発現が1つでも欠けた途端に見込んだ計画収益は未達となり、価値の毀損につながってしまう点は留意しておきましょう。

　実際のところ、すべてのシナジーを買収価格（事業計画）に含めるケースは少ないと思いますので、買収価格（事業計画）に含めなかったシナジーを発現させることができれば、織り込んだシナジーの一部が不発に終わったとしても、その穴を埋めてくれる可能性があります。

減損を防ぐ企業価値評価

　買収時の企業価値評価の検討が不十分であったり、統合後の管理不足に起因する事業計画の大幅な未達があったり、シナジーの不発などの原因であれば防止できた可能性があります。

　その他にも、程度にもよりますが、割引率を低めに、永久成長率を高めに見積もるなど「テクニカルな価値調整」をしてしまうと、買収後の経済的実態との乖離が起き、その後の諸々に影響を及ぼしてしまうことがあります。M&A後の減損のみならず、買収時の企業価値評価や無形資産価値評価などの価値評価の検証シーンで問題点が露呈した事例も実際にあります。

　買収時に強力な競合企業がいて、どうしても高い買収価格を提示したい場合には、スタンドアローンでは限界があります。そのため、さまざまなシナ

ジーを検討して、シナジー込みの価格を検討することになります。

　買収時に極力テクニカルな調整はせず、ごく標準的・一般的なパラメータを用いた企業価値評価をもとに買収価格を検討することが、減損を防ぐ近道にして最良の手段といえます。

（ 取得時のバリュエーションとの連携 ）

　減損テストは、M&Aとして思わしくない方向に進んだ場合の結果を表しているともいえる。評価の内容が異なる点もあるが、減損テストは、買収時に検討した企業価値を、改めて測定・評価するようなものである。

　買収時の企業価値評価と基礎的な前提条件を揃えて再評価する必要があるので、基本的には買収時の価値評価と平仄を取ることが多い。買収時に採用したパラメータなど時間の経過に伴う修正・調整は必須であるが、評価の主要な前提条件は、取得時の考え方を踏襲することになる。

　評価の内容や条件を変更する際には正当な理由が求められるため、その変更自体が監査人との間での議論になる可能性もある。

　やはり買収時の企業価値評価が適切かつ慎重に行われていることが重要で、その時点で何らかの意図的な調整を入れてしまうと、その後に不具合が生じる可能性がある。

7 買収後の PMI の重要性

　買収前には、企業価値評価や各種 DD の実施を通じて、対象会社の詳細な分析が行われます。企業概要のみならず、対象会社が持つ強み・弱みを分析し、経営統合後のシナジーも事前に検討されていると思います。

コントロール可能な PMI を確実に実施する

　買収前に描いていた事業計画と買収後の事業実績に乖離もなく、予定通りにシナジーが発現されれば、大きな外部環境の変化でもない限り、減損が生じることはないでしょう。しかし、リーマンショックやCOVID-19の影響など不測の事態の発生は今後も十分にあり得ますし、企業価値評価には多数の見積り値も含まれているので、絶対はありません。

　重要なのは、**コントロールできそうなプラス要因を確実に実行する**ことです。例えば、拠点の統合や共通化に伴う経費削減、共同での営業活動やクロスセル、大量仕入れによる割引などのシナジーのうち、確実にコントロール可能なものがいくつかあるでしょう。こうした PMI を実行することで、少なくともスタンドアローンの事業計画の不足分の補填や、場合によっては上回ることも可能となるでしょう。

初年度の業績を圧迫する統合コスト

　一方で、買収当初や直後の統合コストも忘れてはいけない要素です。特に非上場企業が上場企業の傘下に入る際には、会計だけではなく顧客管理・営業管理等のシステム、四半期決算対応、内部統制などの構築費用が統合直後から発生します。とりわけ統合初年度は、諸々の統合コストが負担となり、また一定期間統合作業に尽力する可能性もあるため、事業計画初年度の収益

を圧迫することもあります。

そこで、統合初年度の事業計画は可能な限りでやや保守的に見積もっておき、翌年度以降から徐々に統合効果が発揮されていくようなシナリオの策定が可能であれば、現実的かつ無理のない事業計画になります。

いずれにしても買収前にPMIまで見通した事業計画を十分に検討し、買収後はその計画に基づいて、PMIをしっかりと実行していく。これができれば、減損の可能性をゼロにすることはできなくとも、回避の可能性は高められるはずです。

買収時、買収後の業績見通しを精査する

減損テストの実施時には、買収時の企業価値評価で想定していた割引率や永久成長率など時間の経過に伴って変動するものもありますが、当初思い描いた事業計画の結果も見えつつあることでしょう。その結果に応じて、事業計画のさらに先の将来見通しも変化していきます。

M&Aの成果は、買収後の対象会社の実際の損益と買収時の事業計画との比較で確認できます。売上や損益以外でも、買収後に対象会社の強みや弱み、買収前には想定していなかったようなことが後で判明することもあるでしょう。

実務上、事業環境の変化も含め、当初と見立てが異なることはむしろ一般的だと思います。買収時の事業計画と正確にオンラインで実績を積める事例はそう多くはないものの、中長期的に見れば概ねオンラインといえる事例が存在するのも事実です。

なお、企業価値評価では、割引率をもって価値計算しているので、一定程度の計画未達リスクを考慮しています。当初の事業計画通りに推移していたら、ある意味成功なのかもしれません。

事業計画やシナジーは、当事者企業同士でしっかりとその内容を認識して実行する中で、新たなビジネスモデルの発見や協業の領域が広がるかもしれませんが、そこに至る前段階も重要です。事業計画やシナジーを描く際には、実際の実行可能性を含めて机上の数値合わせ論ではなく、よりリアル感

をもって検討していくべきです。

　両社の営業所の統合シナジーを描くことがあるでしょう。統合予定の営業所には統合された営業員を収容できる十分なスペースはありますか？　統合した初日から営業シナジーが100％出るような見通しにはしていませんよね？　当然に障害も発生し、思うように進まないこともあるとは思いますが、事前にリアルに考えておくと、いざ実行に移したときにも多少はスムーズに進むのではないでしょうか。また、実行段階のみならず前もって数値化することで、事業計画はより現実味を増します。

　個人的には、売り手との交渉上、価値が足りないために計画を盛ってしまうような事例は別として、買収後の可能性を積極的に事業計画に織り込むことは有用であり、必須だと感じています。

　評価人として、事業計画の重要性を強調しているのは、適切な事業計画のもとで買収後の管理をすることが、買収前に期待していた企業価値を実現するための唯一ともいえる筋道だからなのです。

8 評価人の関与と減損テストの内製化

　減損テストを内製化している企業もありますが、項目や内容によっては評価人に一定領域のみ業務として外注依頼することもあります。

評価人の関与

　一部の上場企業では、減損テストに使用する使用価値の算定業務を評価人に依頼することもあります。使用価値そのものではなく、使用価値の計算に使用する割引率の算出など一部業務だけのこともあります。

　評価人はクライアントからの依頼を受けて、減損テストに関連する各種サービスを提供しますが、案件の状況や難易度次第で評価人の関与の仕方も変わってきます。複雑な案件になると、会計監査人の求めに応じて減損テストの結果やロジックについて、クライアントに代わって補足説明を行ったり、クライアントとともに協議・説明の場に出席したりすることもあります。

　特に、評価人が関与するような割引率の算出案件は、海外企業に適用する割引率など難易度が高いことも多く、監査法人内の評価専門チームが担当の監査チームとともに関与してくることもあり、算出ロジックも含め、詳細な検証が行われることもあります。

　企業価値評価やPPAとは異なり、評価人が関与する可能性はあるものの、関与領域は企業や案件によってさまざまなのが減損テストの特徴です。

減損テストの内製化

　IFRSでは、定期的な実施が要請されているため、毎期実施することになります。そのため、企業もできる限り内製化して時間や費用負担を減らしたい意向を持っています。

日本基準では「減損の兆候」をきっかけとして動き出すことになるので、時には慌ててしまうこともあると思いますが、社内での知見や経験値を高めながら徐々に内製化していきたい意向は実際にあります。

　初回の減損テストでは評価人の関与度合も高いかもしれませんが、次年度以降で徐々に企業側でそのロジックを吸収して、内製化を進めることは十分に可能です。逆に、社内での減損テスト実施を主としつつ、担当部署の繁忙状況や評価人を登用した際のコスト感との比較で、一部だけを外注している企業もあります。

　減損テストでは、評価人の関与はマストではありませんので、難易度の高い割引率や、不慣れな減損テストの評価モデルの構築などは外部の評価人を利用するような内製化でもよいでしょう。

　また、買収後数年経過している場合には、事業内容や事業構造の理解も進んでいることから、減損テストで使用する事業計画の詳細も十分に把握できています。会計監査人は、減損テストで使用する事業計画に対しても確認の手続きを踏んできます。評価人は、事業計画の内容の確認はするものの、整合性や概要の確認のみで、計画値の是非や妥当性、達成可能性の判断まではできません。事業計画というとても重要な要素は企業で決定していることもあり、減損テストの内製化は比較的容易に進められると思います。

会計監査人への対応

減損テストの実施の主体は、経営者です。経営者が行った会計上の見積りや仮定・前提条件に対して、会計監査人が監査手続きを実施します。

減損テストは決算数値に直接的な影響を与えるため、監査人としても重要視している事項です。チェックする項目は多岐にわたり、買収時の価値評価ロジックの継続性や事業計画の内容などがその対象になります。

M&Aの交渉相手は買い手企業または売り手企業でしたが、減損テストの交渉相手（語弊があるかもしれませんが）は、会計監査人になるといえます。

会計監査人の関与

実際の手続きは、事業計画や関連する外部環境の分析などは自社の監査チームが担当し、割引率などのテクニカルな領域は、監査法人内にある専門の評価チームが担当するという役割分担は、他の評価書レビューと同様です。

買収時の企業価値評価・前年度の減損テストとの整合性、業績の変動に伴う事業計画の妥当性などが重点的に見られることになるので、経理部門のみならず、担当事業部門が内容説明を担うこともあります。

評価人が関与している場合は、テクニカルな領域を評価人が担当することになります。会社と評価人の担当領域は分かれるものの、適宜コミュニケーションを取って連携すべきです。企業と評価人で回答の方向性や考え方が異なると、思わぬ問題点や主張の食い違いが発生して面倒な事態になってしまうかもしれません。

会計監査人からの質問事項の概要

他の評価書レビューと同様に、減損テストでも会計監査人は質問リストを

作成するなどして確認作業を進めます。その後の一義的な回答案の作成対応は、会社側のアクションになります。

実務的には監査チームと監査法人内の評価の専門家が質問事項リストを送ってくるので、対する会社と評価人で各々役割分担をし、提出期限を気にしながら回答案作成などの対応をします。

会計監査人からの質問内容は、大まかに事業計画・割引率ですが、割引率に関する質問対応は評価人に対応を依頼してしまいましょう。

会社側で対応が必要となるのは、主に事業計画関連です。事業計画にツッコミどころが多ければ当然監査人からの質問事項も増え、鋭さを増すことになるでしょう。

会計監査人は、主として直近期を重要な財務情報として扱いつつ、過去数期の推移、将来における内部的・外部的な経営環境などのインタビューや会社側から提供された市場分析資料などに基づいて、事業計画を確認します。

減損テストで使用する事業計画は、現状を適宜反映した説明可能な内容が求められます。さらに実現可能性や妥当性などの観点からの質問も来るでしょう。

なお、事業計画は会社によってその性格が異なることもあります。営業目標としての性格の強い事業計画は、減損テストでの使用には適さないと判断されることもあります。そのため、営業目標としての事業計画とは別に、より現実的な現在の業績の延長線上にある事業計画の提出依頼を受けることもあります。質問対応に至る前段階の検討開始時点で、どのような事業計画を用いた方がよいのか？　を会計監査人と議論しておくことで、質問数の削減という時間と費用の節約にもつながりますし、最も手間のかかる最悪のケースである減損テストのやり直しを防ぐこともできるでしょう。

おわりに

　まずは、本書の「おわりに」までお目通しをいただきまして、誠にありがとうございます。

　各章のボリュームの大小はあれど、評価対象会社に係る情報不足の状態から検討を開始（プレ・バリュエーション）し、最後の減損テストまで一気通貫に「評価」という軸で述べてきました。

　まず、M&A のプロセスの観点からは、企業価値評価はそれなりに重要な位置を占めており、価格面で紛糾する案件ではクライアントや他の専門家・アドバイザーも含めて、何度も事業計画や企業価値評価の内容を討議することになります。当然、価格面で紛糾する案件ばかりではないので、比較的静かに終わる案件もあります。

　価格面に関する紛糾の有無や交渉動向にかかわらず、対象会社の企業価値評価に関する興味や関心は高くなりつつあると感じています。実際に、M&A を実施（売り・買いの双方を指しています）している企業では、よほど小型の案件でない限りは、第三者評価機関から評価報告書を入手するので、M&A 後の順調な経営統合と企業価値の向上を目指して、評価報告書やその他の DD レポートも活用してほしいと願うばかりです。

　M&A において対象会社を安く買う、または売却対象会社を高く売ることは重要であり、成否を分けるのかもしれないと思う一方で、価格だけで成否を決められないと感じることも多々あります。成功した M&A は価格面だけではないと思います。まずは、会社にとってそもそも有用な買い物または売り物であったのかどうか、対象となった会社の従業員にとっては幸せな M&A であったのか、ひいては社会にとってよりよい M&A であったのかという大きな視点・観点も忘れてはなりません。

　M&A で買収した会社から減損損失を計上すると、「失敗」した M&A という烙印を押されることでしょう。しかし、のれんの償却負担はその分だけ軽くなり（日本基準を想定）、対象会社の経営が持ち直すと表面的には V 字回復し

たように見えることがあります。結局は減損しても業績が持ち直し、グループ内の収益貢献度の高い企業となればよいので、減損損失の計上を恐れる必要はないと考えられる一面もあります。

　本書の内容からすると、減損損失の計上を歓迎するところは一切ありませんが、これから先どのような不測の事態が生じるかわかりません。企業を取り巻く環境や、新たなビジネスやベンチャー企業の台頭などで思わぬ苦戦を強いられることもあるでしょう。自身が担当したM&Aで買収した企業の業績が芳しくなく、時間が経って失敗案件だったのでは？　と陰でいわれることがあるかもしれません。各種専門家のレポートもしっかりと分析し、議論も十分に交わしたとしても、そのような事態に陥ることもあるでしょう。

　救いとなるのは、当時に「十分かつ適切」な検討をしたか否かです。目の前のM&A案件に対し、「十分かつ適切」な検討をお願いしたいと思います。そして、その検討に際しての参考として本書が役立ちますと幸いです。

バリューアドバイザリー合同会社 代表社員　小島公彦

著者略歴

小島　公彦（こじま　きみひこ）

バリューアドバイザリー合同会社 代表社員
早稲田大学商学部卒業、青山学院大学大学院会計プロフェッション研究科修了。1995 年に武蔵野銀行に入行。2007 年に有限責任監査法人トーマツの FAS 部門（現デロイト トーマツ ファイナンシャルアドバイザリー合同会社）に入所し、企業価値評価、無形資産価値評価および有形資産価値評価を中心とするファイナンシャルアドバイザリー業務に従事。2016 年 10 月にバリューアドバイザリー合同会社を設立、代表社員に就任。
オリエンタル白石株式会社（東証プライム）社外取締役（監査等委員）、公認会計士、税理士、一級ファイナンシャルプランニング技能士。

【お問い合わせ】
バリューアドバイザリー合同会社
〒 150-0002　東京都渋谷区渋谷 2 丁目 10 番 15 号 エキスパートオフィス渋谷 7 階
代表電話：03-6914-0702　FAX：03-6805-1166
https://www.value-advisory.co.jp/

執筆協力者略歴

関口　順（せきぐち　じゅん）

バリューアドバイザリー合同会社 マネージャー
2007 年より野村證券等にて株式や国債のブローキングなどマーケット関連業務に 4 年間従事。その後、有限責任監査法人トーマツにて、企業価値評価を中心とするファイナンシャルアドバイザリー業務、日清食品ホールディングスでは M&A 戦略の推進活動に従事。2018 年に有限責任あずさ監査法人に入所し、主に PE ファンド向けのバイサイド財務デューデリジェンスを担当。2022 年 3 月よりバリューアドバイザリー合同会社に入社し、現在に至る。米国公認会計士（ワシントン州）、日本証券アナリスト協会認定アナリスト。

浅沼　圭（あさぬま　けい）

バリューアドバイザリー合同会社 シニアアソシエイト
2017 年より有限責任監査法人トーマツの監査・保証事業本部に入所し、メーカー、飲食業、商社などの東証一部上場企業や非上場の中小企業における法定監査業務に 5 年間従事。2022 年 11 月よりバリューアドバイザリー合同会社に入社し、現在に至る。公認会計士。

【参考文献】
『M&A 無形資産評価の実務』デロイトトーマツ FAS 編、清文社、2006 年
『図解でわかる企業価値評価のすべて』株式会社 KPMGFAS 著、日本実業出版社、2011 年
『企業価値評価ガイドライン 改訂版』、日本公認会計士協会 編、日本公認会計士協会出版局、2013 年
『M&A における PPA の実務』EY Japan 編、中央経済社、2016 年

実務で役立つ
「企業価値評価」がわかる本

2024 年 2 月 13 日　初版発行
2024 年 9 月 20 日　3 刷発行

著　者 ―― 小島公彦

発行者 ―― 中島豊彦

発行所 ―― 同文舘出版株式会社

　　　　　　東京都千代田区神田神保町 1-41　〒 101-0051
　　　　　　電話　営業 03 (3294) 1801　編集 03 (3294) 1802
　　　　　　振替 00100-8-42935
　　　　　　https://www.dobunkan.co.jp/

©K.Kojima　　　　　　　　　　　ISBN978-4-495-54148-4
印刷／製本：萩原印刷　　　　　Printed in Japan 2024